SELBST GEMACHT

Nützliches und Kreatives für meinen Hund

© 2013 KYNOS VERLAG Dr. Dieter Fleig GmbH
Konrad-Zuse-Straße 3, D-54552 Nerdlen/Daun
Telefon: 06592 957389-0
Telefax: 06592 957389-20
www.kynos-verlag.de

Grafik & Layout: Kynos Verlag
Gedruckt in Lettland

ISBN 978-3-95464-005-8

Bildnachweis: Alle Bilder Daniel Schöps oder Nicole Hilgers
Grafiken Nicole Hilgers

Mit dem Kauf dieses Buches unterstützen Sie die
Kynos Stiftung Hunde helfen Menschen
www.kynos-stiftung.de

Inhaltsverzeichnis

Einfache Spiele

Einleitung

Herzlichen Glückwunsch, liebe Leser, Sie haben sich für ein Buch entschieden, das Ihnen und Ihrem Hund mit Sicherheit viel Spaß bereiten wird.
Wir möchten Ihnen viele Tipps und Anleitungen an die Hand geben, wie Sie leckere Kekse, pfiffiges Hundespielzeug, kuschelige Stofftiere und vieles mehr selber herstellen können.

Die richtige Beschäftigung mit und für den Hund ist ausgesprochen wichtig. Wer hat nicht schon die Erfahrung gemacht oder kennt jemanden, dessen Hund unausgeglichen ist und zuhause die Schuhe, Möbel oder sonstige Gegenstände zerstört. Meist ist dies ein Zeichen von Unterbeschäftigung.

Die Anschaffung von Hundespielzeug kann ganz schön ins Geld gehen! Daher haben wir uns Gedanken gemacht, wie man Spielzeug selber herstellen kann.

Unser Hund liebt es, Stofftiere zu zerfetzen. Da wir es aber nicht einsehen, jede Woche ein neues Tier zu kaufen, das dann gerne mal zehn bis zwanzig Euro kostet, haben wir Schnittmuster entwickelt und nähen die Tiere nun aus Stoffresten selbst – und unser Hund Dr. Watson hat damit genauso viel Spaß wie mit den gekauften Tieren.

Ebenso ging es uns mit den sogenannten Intelligenzspielzeugen. Diese kosten, wenn sie nicht gerade im Angebot sind, zwanzig bis dreißig Euro und mehr. Außerdem kann man nie genau sagen, ob und wenn ja wie lange der Hund Spaß an einem solchen Spiel hat. Daher baut man besser selbst! Die Materialien sind nicht teuer – ein bisschen handwerkliches Geschick sollte man zwar haben, aber dann geht es auch ganz einfach. Sie können die Größe individuell für Ihren Hund anpassen und den Schwierigkeitsgrad selber bestimmen und ausbauen.

Unsere Keksrezepte sind extra für die Spiele entwickelt worden, sodass Sie immer die passenden Kekse zum Spiel haben. Sei es zum Befüllen, Auffädeln, Rausknabbern oder vielleicht auch einfach mal nur so zum Belohnen.

Richtig belohnen

Das richtige Belohnen ist in einem Hundeleben sehr wichtig. Belohnungen zeigen einem Hund, dass er alles richtig gemacht hat und bestärken ihn in seinem Tun. Richtig eingesetzt verbessern sie das gegenseitige Verstehen und die Beziehung zwischen Mensch und Hund. Zur Belohnung zählt alles, was der Hunde gerne mag.

Da die Nahrung ein grundsätzliches Bedürfnis des Hundes darstellt und für ihn eine angenehme Erfahrung ist, können wir uns dies zunutze machen.

Es sollte nicht verschwiegen werden, dass der Einsatz von Belohnungsleckerlis von manchen Hundetrainern als hinderlich in der Erziehung angesehen wird, da sie evtl. die Konzentrationsfähigkeit des Hundes beim Lernen stören könnten und der Hund nur auf das Futter reagiert. Diese Meinung kann ich jedoch aus meiner Erfahrung nicht teilen. Wenn dies so sein sollte, wurde eventuell die Methode der Futterbelohnung falsch angewendet.
Es kommt natürlich vor, dass der Hund beim »Arbeiten« schon mal gerne an der Tasche riecht und seine Belohnung sucht, dies ist aber leicht abzustellen.

»Mit Leckerlis zum Erfolg« ist nur bedingt anzuwenden, da Belohnungsleckerlis nur eine von vielen Belohnungstechniken sind.

Bitte sprechen Sie mit Ihrem Hundetrainer über den Einsatz von Leckerlis als Belohnung. Er wird Ihnen gerne helfen und mit Ihnen und Ihrem Hund den richtigen Weg finden.

Denken Sie bei der Belohnung immer daran, dass Sie die Leckerlis aus sehr guten Zutaten hergestellt haben. Also aus Vollkornmehlen, Fisch, Fleisch und so weiter. Diese Zutaten sind nicht ohne Kalorien! Daher sollten Sie die Belohnung immer bei der täglich Futtermenge mit einrechnen, sonst geht das Vergnügen sehr bald auf die Hüften. Auch beim Hund!

Richtig spielen

Bitte achten Sie auf Ihren Hund und überfordern ihn nicht. Fangen Sie langsam an und zeigen Sie Ihrem Hund in Ruhe, was Sie von ihm möchten. Nehmen Sie sich immer Zeit für die Spiele. Junge Hunde sowie Hunde, die bis dato noch nicht ans Spielen, insbesondere an Intelligenz- Spielzeuge, gewöhnt sind, brauchen Zeit, um zu lernen, was von ihnen verlangt wird. Aber überfordern Sie den Hund nicht! Am Anfang sind fünf bis zehn Minuten völlig ausreichend. Sie werden schnell merken, ob und wie Sie die Übungen steigern können.

Sprechen Sie mit Ihrem Hundetrainer, dieser wird Ihnen mit Ratschlägen zur Seite stehen.

Wir wünschen Ihnen jedenfalls genauso viel Spaß beim Backen, Basteln und Spielen wie wir es hatten und auch immer noch haben.

Achtung

Bitte beachten Sie, dass die Rezepte in diesem Buch nicht zur ausschließlichen Ernährung Ihres Hundes gedacht sind. Die Rezepte sind nur als Belohnung geeignet. Sie wurden eigens für dieses Buch entwickelt und getestet. Bitte beachten Sie, dass es zu unterschiedlichen Reaktionen sowie Nahrungsunverträglichkeiten kommen kann. Bitte achten Sie während des Spiels immer auf Ihren Hund, damit er sich nicht verletzt.

NÄHEN

Hinweise und Informationen zum Kapitel »Nähen«

Im folgenden Kapitel finden Sie Anleitungen für Stofftiere, Leckerlibeutel, Futterbeutel und Taschen.

Nehmen Sie sich für die Herstellung genug Zeit und arbeiten Sie sorgfältig. Verwenden Sie keine Stoffe mit hohem Stretchanteil, diese lassen sich nicht gut ausstopfen, und nähen Sie die einzelnen Teile fest zusammen. Dies geht am besten mit einer Nähmaschine. Leider erlauben nicht alle unserer Anleitungen, mit einer solchen zu arbeiten. Hinweise hierzu finden Sie in den einzelnen Anleitungen.

Kennzeichnung der Anleitung:

Einfach

Mittel

Schwer

Nähmaschinengeeignet

Die von uns verwendeten Materialen gelten nur als Vorschlag. Lassen Sie Ihrer Kreativität freien Lauf. Vieles lässt sich aus Stoffresten herstellen. Ein Beispiel hierfür ist die Maus auf Seite 33, sie wurde aus einer ausrangierten Jeans hergestellt. Für das Schwein (Seite 36) haben wir eine alte Jogginghose verwendet.

Verwenden Sie kein Leinen oder Frottee. Der Hund wird beim Spielen Fäden ziehen, an denen er sich möglicherweise verletzen kann.

Augen und Nasen der Stofftiere werden nur gestickt. Angenähte Augen oder Knöpfe sind zu gefährlich, da sie verschluckt werden können.

Zum Ausstopfen der Stofftiere kann Watte oder Füllwatte verwendet werden. Wir haben zum Teil auch die ausgekämmte Unterwolle unseres Hundes verwendet. Eine sehr preisgünstige Alternative! Verwenden Sie beim Stopfen einen Kochlöffel oder ein Stopfholz.

Dem Buch liegt ein Schnittmusterbogen bei. Auf diesem sind alle Schnittmuster dieses Buches verzeichnet.
Auf der **A-Seite** des Schnittmusterbogens finden Sie folgende Schnitte:

Gans ————————

Schwein ‧ ‧ ‧ ‧ ‧ ‧ ‧

Teddybär ————————

Leckerlidecke kleiner Hund ————————

Rugby ————————

Auf der **B-Seite** des Schnittmusterbogens finden Sie folgende Schnitte:

Maus ————

Leckerlibeutel ‧ ‧ ‧ ‧ ‧ ‧ ‧

Leckerlitasche ————

Knochen ——————

Weihnachtsstern Kalender ————————

Adventskalender Mützchen Knochen‧ ‧ ‧ ‧ ‧ ‧ ‧

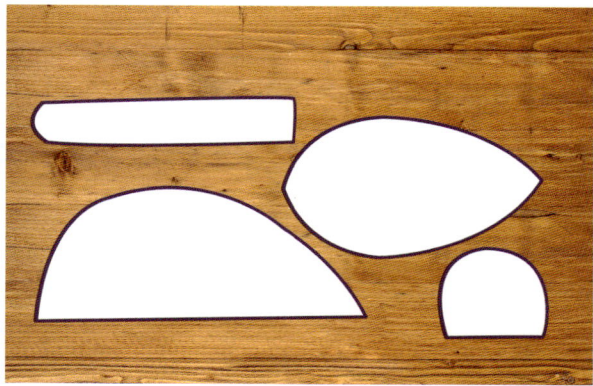

Übertragen Sie das gewünschte Schnittmuster mit Hilfe von Durchschlagpapier auf ein großes Blatt Papier und schneiden Sie die übertragenen Muster aus.
Bitte beachten Sie Musterfolgen im Stoff. Wenn Sie Stofffelle verarbeiten, ist es wichtig, auf die Fellrichtung zu achten. Diese wird mit einem Pfeil auf den Schnittmustern gekennzeichnet.
Wenn eine Nahtzugabe zu berücksichtigen ist, finden Sie den entsprechenden Hinweis in der Anleitung.
Bitte übertragen Sie auch die Buchstabenkennung mit auf das Schnittmuster. Diese erleichtern Ihnen das Zusammennähen.

Erklärungen:
Rechte Seite des Stoffes: die Seite, die später außen ist
Linke Seite des Stoffes: die Seite, die später innen ist

Steppstich:

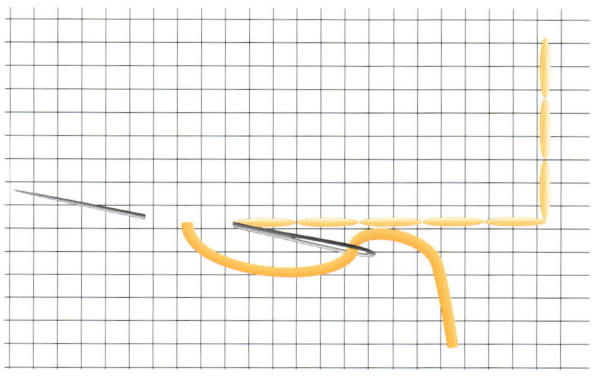

Matratzenstich:

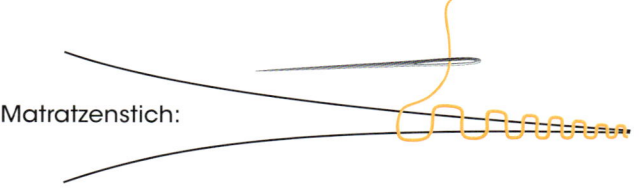

Die Gans

Material:

Stoff ca. 80 x 55 cm
Nähgarn, Stickgarn
Füllwatte
Stecknadeln
Nähmaschine
Nähnadel

Schritt 1

Nehmen Sie den Schnittmusterbogen Teil A und übertragen Sie das Schnittmuster --------
auf ein großes Blatt Papier. Schneiden Sie die einzelnen Teile ohne Nahtzugabe aus.

Benötigt werden 1 x Vorder- und 1 x Rückseite sowie 4 x Flügel und 1 x Bauch.

Schritt 2

Legen Sie die ausgeschnittenen Schnittmusterteile auf den Stoff und fixieren diese mit Stecknadeln. Nun zeichnen Sie die Konturen nach, nehmen die Schnittmusterteile ab und schneiden die Teile sorgfältig aus.

Schritt 3

Heften Sie die Flügel, rechts auf rechts, aneinander. Nähen Sie beide Teile von D bis E zusammen. Dann wenden Sie.

Schneiden Sie vorsichtig eine kleine Öffnung (Flügelansatz) in das Seitenteil und nähen den Flügel ein, rechts auf rechts.

Heften Sie mittels Stecknadeln »Bauchteil vorne B« rechts auf rechts an ein Seitenteil. Schließen Sie diese Naht bis C.

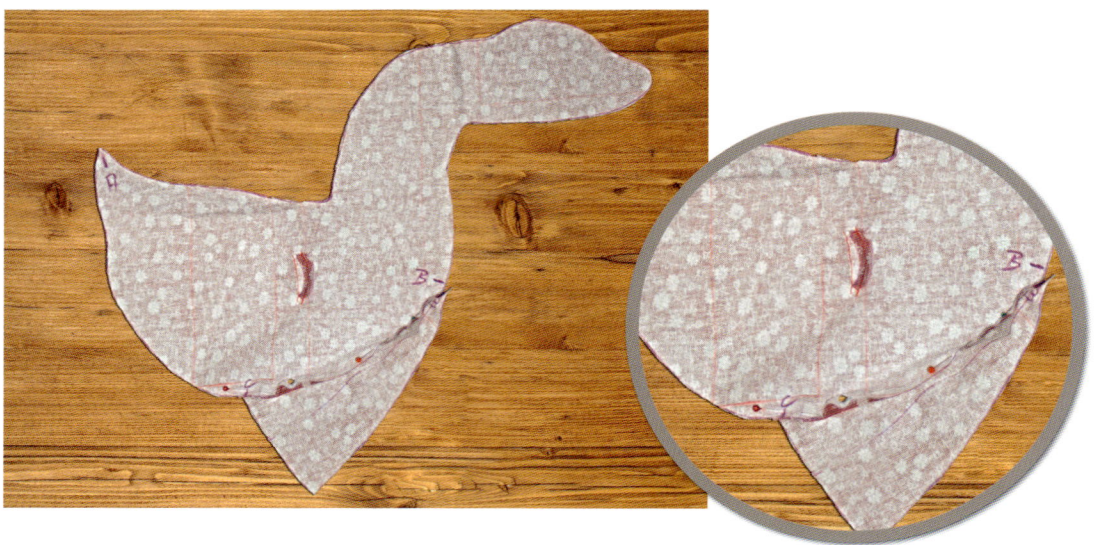

Heften Sie »Bauchteil hinten A« an das Seitenteil, rechts auf rechts, und schließen auch diese Naht bis C.

Heften Sie nun das zweite Seitenteil den Buchstaben entsprechend, A auf A, B auf B, und schließen auch diese Nähte bis C.

Die in der Mitte entstehende Öffnung dient später als Wendeöffnung und wird zuletzt geschlossen.
Schließen Sie nun die Naht der beiden Seitenteile von A bis B.

Wenden Sie und stopfen Sie das Ganze mit Füllwatte aus.

Danach schließen Sie die Wendeöffnung mit einem Matratzenstich.

Nun, wenn gewünscht, noch die Augen sticken.

Kleiner Bär

Material:
Stoff oder
Kunstfell ca. 40 x 30 cm
Nähgarn
Füllwatte
Stopfgarn
Stecknadeln
Nähmaschine
Nähnadel
Sticknadel

Benötigt werden 1 x Vorder- und 1 x Rückseite.

Schritt 1

Nehmen Sie den Schnittmusterbogen Teil A und übertragen Sie das Schnittmuster ----------
auf ein großes Stück Papier. Schneiden Sie die einzelnen Teile ohne Nahtzugabe aus.

Schritt 2

Legen Sie die ausgeschnittenen Schnittmusterteile auf den Stoff und fixieren diese mit Stecknadeln. Nun zeichnen Sie die Konturen nach, nehmen die Schnittmusterteile ab und schneiden die Teile sorgfältig aus.

Schritt 3

Heften Sie die beiden Teile rechts auf rechts aufeinander und nähen diese mit Hilfe der Nähmaschine fest zusammen. Vergessen Sie nicht, eine Wendeöffnung zu lassen.

Nach dem Wenden stopfen Sie den Bär fest mit Füllwatte aus und nähen die Wendeöffnung zu.
Nun werden noch die Augen und die Nase mit Stopfgarn gestickt.

Der Rugbyball

Material:

Stoffreste
Nähgarn
Füllwatte
Stecknadeln
Nähmaschine
Nähnadel

Schritt 1

Nehmen Sie den Schnittmusterbogen Teil A und übertragen Sie das Schnittmuster ----------
auf ein Stück Papier. Schneiden Sie das Muster aus.

Schritt 2

Legen Sie das Schnittmuster auf den Stoff und fixieren dieses mit Stecknadeln. Nun zeichnen Sie die Konturen nach und geben dabei 0,5 cm Nahtzugabe. Wiederholen Sie diesen Arbeitsschritt, sodass Sie am Ende fünf Stoffteile haben. Schneiden Sie die einzelnen Teile aus.

Tipp:
Für diesen Ball können gut alle möglichen Stoffreste verwendet werden.
Man kann das Schnittmuster auch wunderbar vergrößern, um größere Bälle zu nähen.

Schritt 3

Nähen Sie nun das erste Stoffteil, rechts auf rechts, auf das zweite und das dritte, ebenfalls rechts auf rechts, an das zweite. Verfahren Sie so weiter, bis Sie alle Stoffteile aneinander genäht haben. Nun nähen Sie das fünfte Stoffteil an das erste. Bitte lassen Sie eine kleine Wendeöffnung!

Wenden Sie den Ball und füllen Sie ihn mit Füllwatte. Nun wird noch die Wendeöffnung zugenäht.

Der Knochen

Material:

Stoff oder Kunstfell
Nähgarn
Füllwatte
Stecknadeln
Nähmaschine
Nähnadel

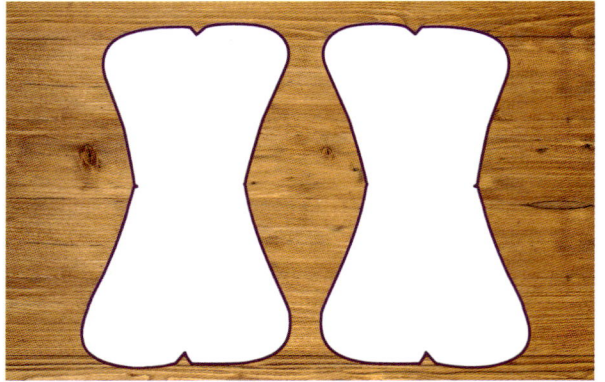

Benötigt werden 1 x Vorder- und 1 x Rückseite.

Schritt 1

Nehmen Sie den Schnittmusterbogen Teil B und übertragen Sie das Schnittmuster ----------
auf ein großes Stück Papier. Schneiden Sie die einzelnen Teile aus, ohne Nahtzugabe.

Schritt 2

Legen Sie die ausgeschnittenen Schnittmusterteile auf den Stoff und fixieren sie mit Stecknadeln. Nun zeichnen Sie die Konturen nach, nehmen Sie die Schnittmusterteile ab und schneiden die Stoffteile sorgfältig aus. Bei Fellstoffen nur in kleineren Schritten ganz vorsichtig schneiden und nur den Webstoff auf der Rückseite schneiden. Ansonsten wird die Fellstruktur mitgeschnitten.

Schritt 3

Heften Sie beide Teile rechts auf rechts zusammen und nähen diese mit Hilfe der Nähmaschine fest zusammen. Nicht vergessen, eine Wendeöffnung zu lassen.

Nach dem Wenden den Knochen fest mit Füllwatte ausstopfen und die Wendeöffnung zunähen.

Leckerlibeutel

Material:

Stoff 35 x 35 cm
Am besten verwenden Sie einen festen Stoff. Jeans ist auch geeignet, aber schwieriger zu nähen. Bitte Jeansnadeln für die Nähmaschine verwenden oder mit der Hand nähen.
Ein Stück Kordel, ca. 30 cm
Nähgarn
Stecknadeln
Sicherheitsnadel
Nähmaschine

Benötigt werden 1 x Leckerlibeutel-Korpus, 1 x Boden und einen Streifen für die Gürtelschlaufe.

Schritt 1

Nehmen Sie den Schnittmusterbogen Teil B und übertragen Sie das Schnittmuster • • • • • • • •
auf ein Stück Papier. Schneiden Sie das Muster ohne Nahtzugabe aus.

Schritt 2

Legen Sie das Schnittmuster auf den Stoff und fixieren Sie es mit Stecknadeln. Zeichnen Sie die Konturen nach und übertragen Sie auch alle sonstigen Hinweise wie z.B. Nahtlinien und Buchstaben. Nach dem Anzeichnen schneiden Sie die einzelnen Teile sorgfältig aus.

Schritt 3

Zuerst nähen Sie die Gürtelschlaufe.

Legen Sie die Gürtelschlaufe doppelt, rechts auf rechts und nähen Sie von A - B und von C - D und lassen F offen.

Anschließend wenden Sie, schlagen die offene Stelle (F) etwas ein und nähen das Ganze dann zu.

Nun nähen Sie die Schlaufe auf den Beutel, am besten ca. 2 - 3 cm neben der späteren Seitennaht, auf die rechte Seite des Stoffes.

Möchten Sie Applikationen auf den Beutel aufbringen, sollte dies jetzt geschehen, später wird es schwierig, diese mit der Maschine noch aufzunähen. Das ist dann nur noch von Hand möglich.

Schritt 4

Nähen Sie nun den Beutelboden ein. Stecken Sie dafür zuerst mithilfe von Stecknadeln den Boden fest und nähen anschließend sorgfältig mit der Maschine.

Danach wird die Seitennaht geschlossen.

Schritt 5

Zuletzt nähen Sie einen Saum für die Kordel. Schlagen Sie ca. 2-3 cm des oberen Randes ein und nähen diesen fest. Nähen Sie jedoch nicht ganz zu, sondern lassen Sie eine kleine Öffnung, um die Kordel einzuziehen. Mithilfe einer Sicherheitsnadel ist das ganz einfach.

Befestigen Sie die Sicherheitsnadel an einem Ende der Kordel und ziehen diese dann durch den Saum.

Anschließend wenden Sie den Beutel.

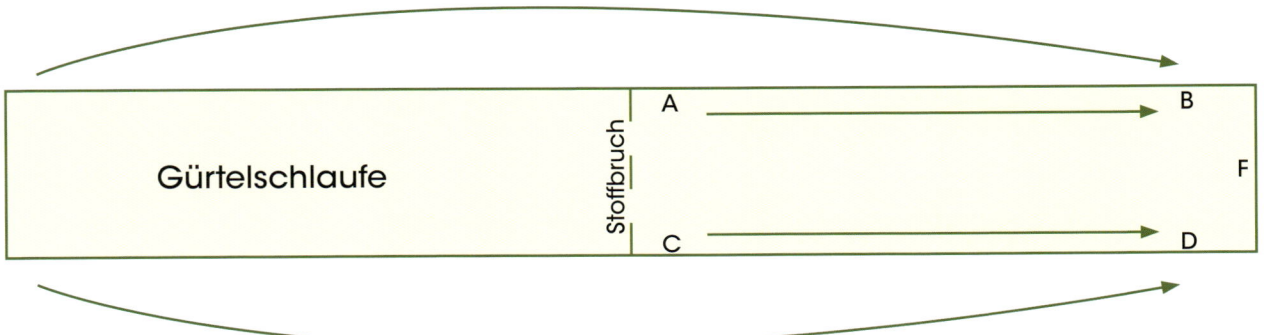

Zeichnung ist nicht maßstabsgetreu und dient nur zur Verdeutlichung zu Schritt 3

Leckerlidecke

Material:

Stoff- oder Fleecedecke
Stoffreste
Nähgarn
Stecknadeln
Nähmaschine
Nähnadel

Schritt 1

Schneiden Sie die Decke passend für die Größe Ihres Hundes zu und säumen die Ränder.

Schritt 2

Schneiden und säumen Sie aus Stoffresten kleine Rechtecke. Diese sollten allerdings noch so groß sein, dass der Hund später mit seiner Schnauze die Leckerlis aus den Taschen herausholen kann.

Schritt 3

Nähen Sie die Rechtecke auf die Decke. Wichtig ist dabei, darauf zu achten, dass Sie an der unteren Naht eine kleine Falte einnähen, damit sich die Tasche auf der späteren Decke auch ein wenig abhebt.

Um das Ganze noch spannender für den Hund zu gestalten, nähen Sie die Decke so, dass die Öffnungen der Taschen in verschiedene Richtungen zeigen. So muss er sich immer wieder neu orientieren, um an seine Leckerlis zu kommen.

Hier eine kleine Falte nähen

Leckerlitasche

Material:

Stoff 35 x 25 cm
Am besten verwenden Sie einen
festen Stoff. Jeans ist auch geeignet,
aber schwieriger zu nähen. Bitte
Jeansnadeln für die Nähmaschine
verwenden oder mit der Hand nähen.

1 Druckkopf oder
ein Stück Klettband
Nähgarn
Stecknadeln
Nähmaschine

Schritt 1

Nehmen Sie den Schnittmusterbogen Teil B und übertragen Sie das Schnittmuster --------
auf ein Stück Papier. Schneiden Sie das Muster ohne
Nahtzugabe aus.

Benötigt werden 1 x Leckerlitasche-Korpus,
1 x Gürtelschlaufe.

Schritt 2

Legen Sie das Schnittmuster auf den Stoff und fixieren
Sie es mit Stecknadeln. Zeichnen Sie die Konturen nach
und übertragen Sie auch alle sonstigen Hinweise wie
z.B. Nahtlinien und Buchstaben. Nach dem Anzeichnen
schneiden Sie die Tasche und die Gürtelschlaufe sorgfältig aus.

Schritt 3

Zuerst nähen Sie die Gürtelschlaufe.

Legen Sie die Gürtelschlaufe doppelt, rechts auf rechts
und nähen Sie von A-B und von C-D.

Anschließend wenden Sie, schlagen die offene Stelle
etwas ein und nähen das Ganze dann zu. Siehe auch
Seite 27.

Bringen Sie die Gürtelschlaufe auf der Taschenrückseite, der rechten Seite des Stoffes, an.

Applikationen nähen Sie vor dem Zusammennähen
der Tasche auf. Dann können sie mit der Maschine auf-
genäht werden.

Schritt 4

Nähen Sie den Saum der Taschenrückseite von A-B. Links auf links.

Schritt 5

Als Nächstes nähen Sie den Saum des Taschenum-schlages von E-F, ebenfalls links auf links.

Schritt 6

Nähen Sie nun die Dreiecke von C auf D. So entsteht der Boden der Tasche. (Siehe Zeichnung)

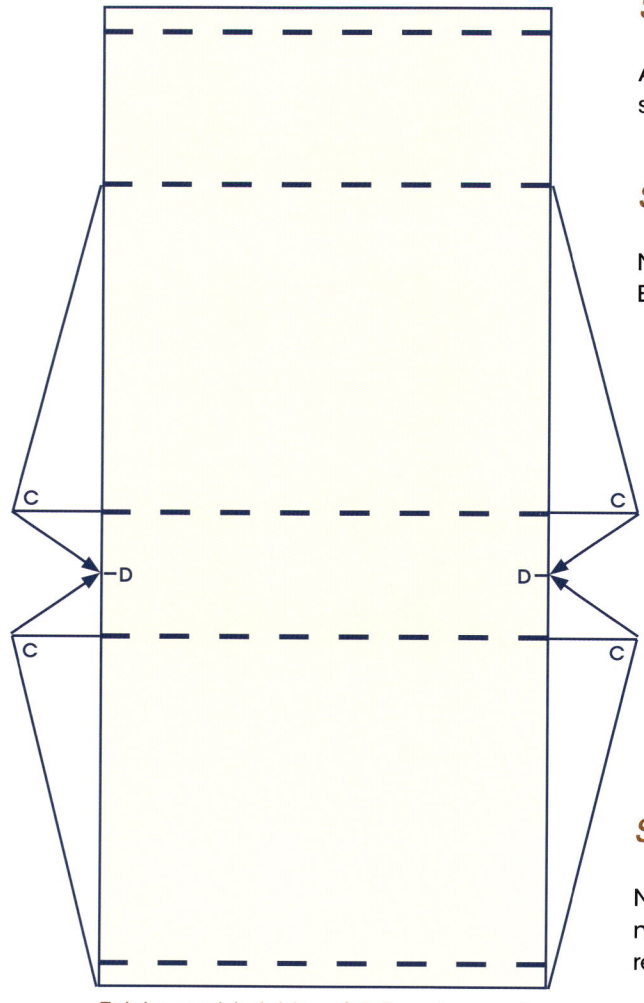

Zeichnung ist nicht maßstabsgetreu und dient nur zur Verdeutlichung zu Schritt 6

Schritt 7

Nun schließen Sie die Seitennaht von C-G und nähen noch einen Saum von G-E bzw. von G-F. Rechts auf rechts. Dies ist ein bisschen kniffelig.

Mit einem Druckknopf oder einem Klettverschluss lässt sich die Tasche schließen.

Die Maus

Material:

Stoff oder Kunstfell,
ca. 60 x 45 cm
Nähgarn
Füllwatte
Stopfgarn

Stecknadeln
Nähmaschine
Nähnadel
Sticknadel

Schritt 1

Nehmen Sie den Schnittmusterbogen Teil B und übertragen Sie das Schnittmuster – – – –
auf ein großes Stück Papier. Schneiden Sie die einzelnen Teile ohne Nahtzugabe aus.

Benötigt werden 2x Seitenteile (einmal seitenverkehrt), 1x Bauch und 4x Ohr und bei Bedarf 1x Schwanz.

Schnitt 2

Legen Sie die ausgeschnittenen Schnittmusterteile auf den Stoff und fixieren diese mit Stecknadeln. Nun zeichnen Sie die Konturen nach. Markieren Sie auch sonstige Hinweise (Buchstaben, Ohreinsatz etc.) auf dem Stoff. Nehmen Sie die Schnittmusterteile ab und schneiden die Teile sorgfältig aus.

Sollte der Schwanz aus Stoff und nicht aus Kordel sein, legen Sie ihn ebenfalls zum Ausschneiden auf den Stoff.

Schritt 3

Nähen Sie zunächst die Ohren zusammen, lassen aber an der geraden Seite offen zum Wenden.

Nehmen Sie die Seitenteile und schneiden an der Stelle, wo Sie die Ohren einsetzen möchten, ein Stück ein. Dieser Schnitt sollte maximal halb so groß sein wie die gerade Seite des Ohres.

Legen Sie das Ohr doppelt und nähen es von Hand in die Schnittstelle im Seitenteil fest ein.

Nun nähen Sie die Seitenteile von der Nasenspitze ausgehend zusammen.

Sie können den Schwanz in die Rückennaht mit einnähen, dies hält besser, als ihn später an der Maus extra fest zu nähen.
Nähen Sie nun das Bauchteil ein. Bitte vergessen Sie nicht, eine Wendeöffnung zu lassen.

Nach dem Wenden wird die Maus fest mit Füllwatte ausgestopft. Wendeöffnung schließen.

Sticken Sie jetzt noch mit Stickgarn die Augen. Als Nase kann man einen kleinen Fellimitat- Bommel nehmen.

Das Schwein

Material:

Stoff oder Kunstfell ca. 50 x 45 cm
Ein kleines Stück Kordel oder
Schnürsenkel ca. 10 cm
Nähgarn
Füllwatte
Stopfgarn
Stecknadeln, Nähnadel
Sticknadel
Nähmaschine

Schritt 1

Nehmen Sie den Schnittmusterbogen Teil A und übertragen Sie das Schnittmuster ● ● ● ● ● ● ●
auf ein großes Stück Papier. Schneiden Sie die einzelnen Teile ohne Nahtzugabe aus.

Benötigt werden 1 x Korpus, 2 x Seitenteil, 4 x Ohren und
1 x Nase.

Schnitt 2

Legen Sie die ausgeschnittenen Schnittmusterteile auf
den Stoff und fixieren diese mit Stecknadeln. Nun zeichnen Sie die Konturen nach. Vermerken Sie auch sonstige Hinweise (Buchstaben, Ohreinsatz etc.) auf dem
Stoff. Nehmen Sie die Schnittmusterteile ab und schneiden die Teile sorgfältig aus.

Schritt 3

Zunächst nähen Sie die Ohren zusammen. Lassen Sie
den Ohransatz offen zum Wenden.

Dann stopfen Sie die Ohren ein wenig mit Füllwatte aus.

Nähen Sie nun das Bauchteil, von A nach H, an die jeweiligen Seitenteile, immer rechts auf rechts.

Nun wird es etwas kniffelig, denn jetzt nähen Sie die
Nase ein. Dies geht am besten von Hand.

Schneiden Sie die Markierung für die Ohren vorsichtig
und nicht zu groß ein. Lieber etwas kleiner schneiden

und beim Einpassen nachschneiden. Stecken Sie die Ohren durch die Öffnung und kontrollieren Sie noch einmal den richtigen Sitz derselben, bevor Sie diese festnähen. Auch dies geht am besten von Hand.

Jetzt fehlt nur noch die Schlussnaht. Hierzu nähen Sie vom Rücken bis zur Wendeöffnung und machen gleichzeitig (Markierungspunkt i) den Schwanz (Kordel) mit fest. Nähen Sie nun noch von der Nase bis zur Wendeöffnung.

Nach dem Wenden wird das Schwein fest mit Füllwatte ausgestopft und die Wendeöffnung zugenäht.

Sticken Sie jetzt noch die Augen und die Nasenlöcher.

Ein Halsband

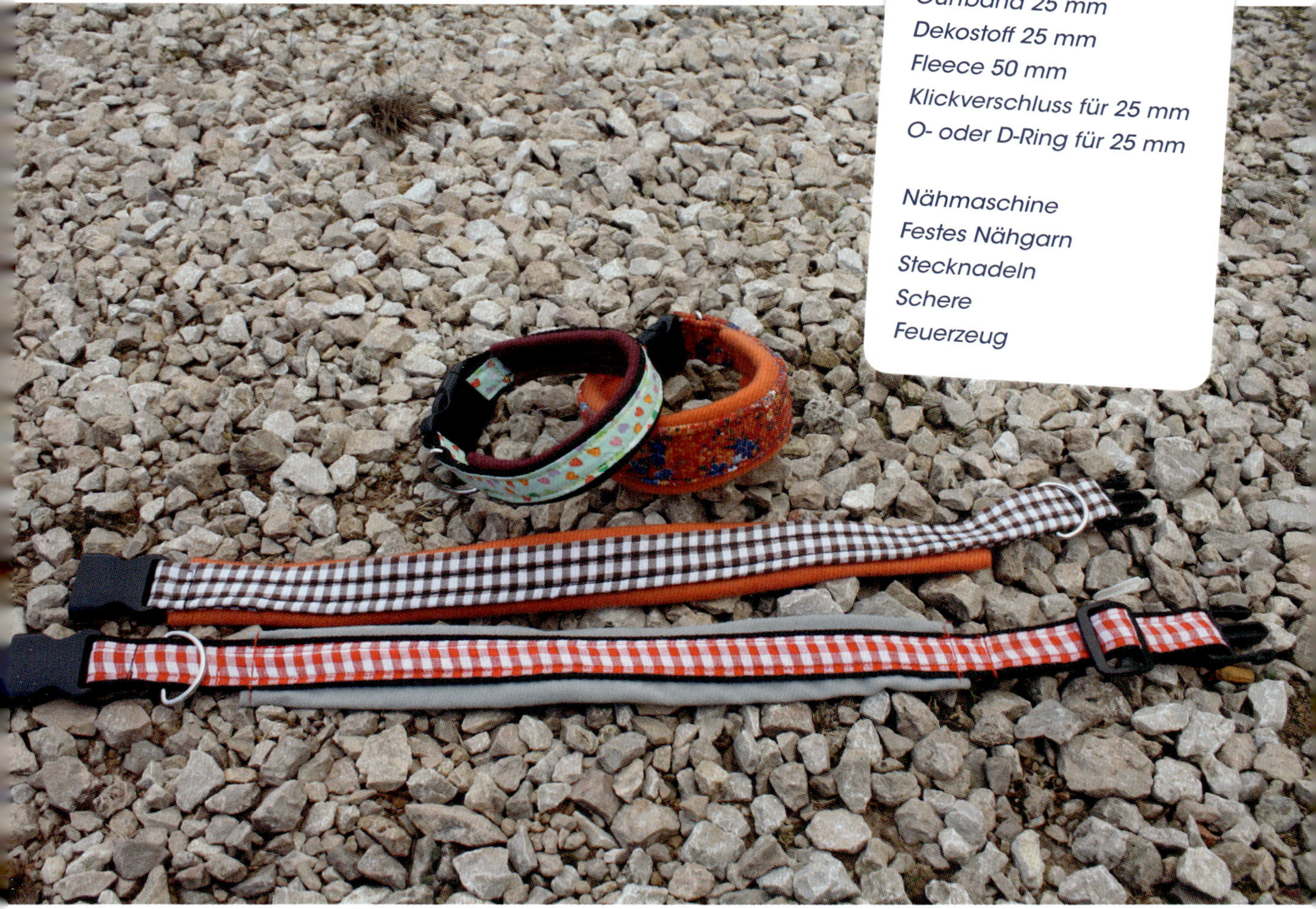

Material:

Gurtband 25 mm
Dekostoff 25 mm
Fleece 50 mm
Klickverschluss für 25 mm
O- oder D-Ring für 25 mm

Nähmaschine
Festes Nähgarn
Stecknadeln
Schere
Feuerzeug

Schritt 1

Nehmen Sie bei Ihrem Hund Maß und messen den Halsumfang. Bitte messen Sie locker, also so, wie das Halsband später sitzen soll und schneiden den Dekostoff dementsprechend zu.

Flämmen Sie das Gurtband an den Enden mit einem Feuerzeug ab, sodass es nicht mehr ausfransen kann. Vorsicht! Nicht mit den Fingern andrücken, dies könnte Verbrennungen verursachen. Nehmen Sie hierfür besser die lange Seite des Feuerzeugs.

Schritt 2

Nehmen Sie das Dekoband und stecken es auf dem Gurtband mittig fest. Schlagen Sie das Dekoband beim Feststecken an den Seiten etwas ein, damit eine saubere Kante entsteht.

Nun nähen Sie das Dekoband auf dem Gurtband fest.

Schritt 3

Schlagen Sie an jedem Ende des Halsbandes ca. 10 cm um.

Fädeln Sie den Klickverschluss auf der einen Seite ein und nähen die beiden Halsbandteile fest zusammen. Auf der anderen Seite fädeln Sie zunächst das Gegenstück des Klickverschlusses ein und nähen hinter dem Klickverschluss die Halsbandteile fest aufeinander. Dann fädeln Sie den O- bzw. D-Ring ein und nähen auch hier hinter dem Ring die Halsbandteile fest zusammen.

Schritt 4

Nehmen Sie nun den Fleece und stecken diesen auf der Unterseite des Halsbandes fest. Beim Feststecken werden auch hier die Kanten umgeschlagen, sodass eine saubere Kante entsteht.

Variation:

Sie können, damit man das Gurtband später nicht mehr sieht, das Gurtband auch mit dem Dekoband einschlagen und dieses dann festnähen. Das Halsband wirkt dadurch später etwas breiter. Hierfür sollte das Dekoband ca. 6 cm breit sein. Schlagen Sie das Gurtband mit dem Dekoband ein und stecken es fest. Nähen Sie dann an der Unterseite des Halsbandes das Dekoband auf das Gurtband.

WICHTIG: Beim Aufnähen des Dekobandes oder des Fleece nicht mittig nähen, sondern immer rechts und links die Bänder zusammen nähen.

Hundekissen

Material:

Fester Stoff z. B. Jeans, Markisenstoff oder feste Baumwollstoffe
Füllmaterial z. B. Füllwatte, Bettdecke
1 Reißverschluss

Zunächst sollte man sich überlegen, wie groß das Hundekissen werden soll. Der Hund sollte genügend Platz haben, um sich auch mal auf dem Kissen ausstrecken zu können.

Dementsprechend wird der Stoff zugeschnitten. Rechnen Sie immer mit ca. 1 cm Nahtzugabe.

Schneiden Sie zwei gleich große Stoffteile für die Ober- und Unterseite des Hundekissens zu.

Dann berechnen Sie den Umfang des Kissens für den Rand.

Addieren Sie die Längen aller vier Seiten. So hat z. B. ein Kissen von der Größe 60 x 90 cm einen Umfang von 300 cm (60 + 60 + 90 + 90 = 300 cm).

Sie benötigen also einen Stoffstreifen von 3 m zzgl. Nahtzugabe. Die Breite des Stoffstreifens richtet sich danach, wie dick das Kissen nachher sein soll. Auch hier muss man wieder 1 cm Nahtzugabe addieren.

Nachdem Sie alle Stoffteile zugeschnitten haben, nähen Sie zunächst ein Teil des Seitenrandes an ein Teil des Kissens. Wie immer rechts auf rechts.

Nun nähen Sie die zweite Seite Kissen und Seitenrand zusammen und bringen gleichzeitig den Reißverschluss mit an.

Danach nähen Sie den Seitenrand weiter an die dritte und vierte Seite.
Anschließend vernähen Sie den Seitenrand noch mit dem Unterteil des Kissens. Wenden Sie das Kissen über den Reißverschluss.

Wenn das Kissen mit einer Bettdecke gefüllt wird, können Sie diese einfach mit der Kissenhülle beziehen. Möchten Sie das Kissen mit Füllwatte oder ähnlichem füllen, empfiehlt es sich, das Füllmaterial ebenfalls in

Diese Abbildung ist nicht maßstabsgetreu !

Benötigt werden 1 x Vorderseite, 1 x Rückseite, 1 x Rand umlaufend und 1 x Reißverschluss oder Klettband.

Stoffstreifenbreite nach Belieben

eine Hülle einzunähen. Somit können Sie das Füllmaterial problemlos wieder entnehmen und das Hundekissen waschen.

Nähen Sie einfach nach obigem Prinzip, ohne Reißverschluss, eine Hülle für das Füllmaterial.

Diese sollte etwas kleiner sein als das Kissen. Bevor Sie die letzte Naht schließen, wird die Hülle gewendet und gefüllt. Anschließend wird die Naht geschlossen.

Diese Abbildung ist nicht maßstabsgetreu !

Variation: Rundes Hundekissen

Dazu brauchen Sie zwei runde Stoffteile und den Seitenrand.

Den Seitenrand können Sie wie folgt berechnen: Durchmesser des Kissen x 3,14.

Nähen Sie auch hier zunächst ein Stück des Seitenrandes an das Kissen und fassen dann den Reißverschluss mit ein.
Des weiteren verfahren Sie wie oben beschrieben.

Anmerkung:
Man muss keinen Reißverschluss einnähen, sondern kann auch mit Klettbändern arbeiten. Der Nachteil hierbei ist, dass sich Hundehaare gerne im Klettverschluss festsetzen, sodass dieser nicht mehr richtig schließt. Druckknöpfe sind evtl. auch eine Möglichkeit, aber nur zu empfehlen, wenn Sie das Kissen mit einer Bettdecke oder einem Kissen füllen. Wenn Sie das Hundekissen »nur« mit Druckknöpfen verschließen und die Füllwatte ohne Hülle einfüllen, wird diese im Laufe der Zeit aus den Zwischenräumen der Knöpfe austreten.

😃😃😃 Geknüpftes Halsband

Material:

Polypropylen-Seil,
Durchmesser 4 mm
oder Biothane

Klickverschluss
O- oder D-Ring

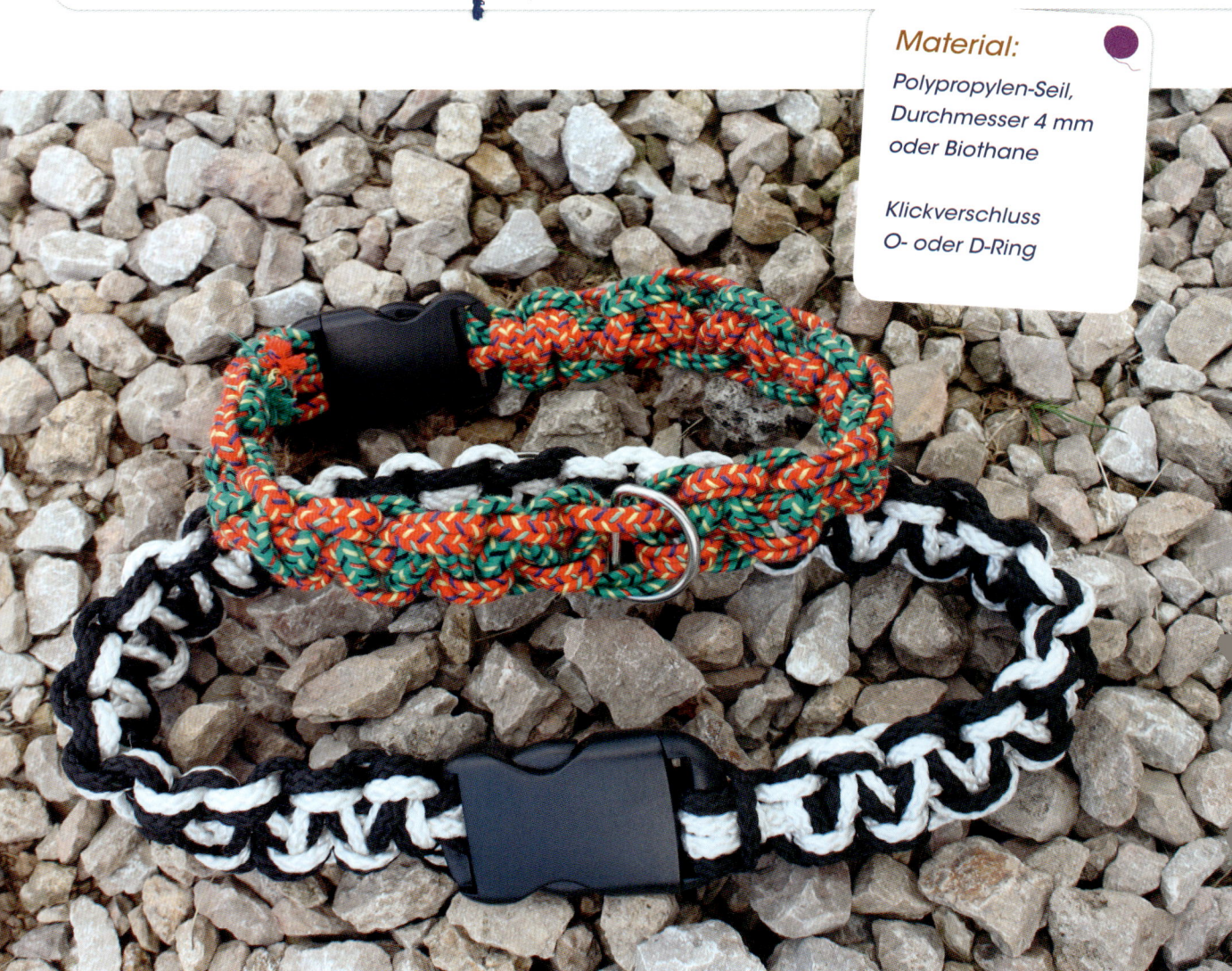

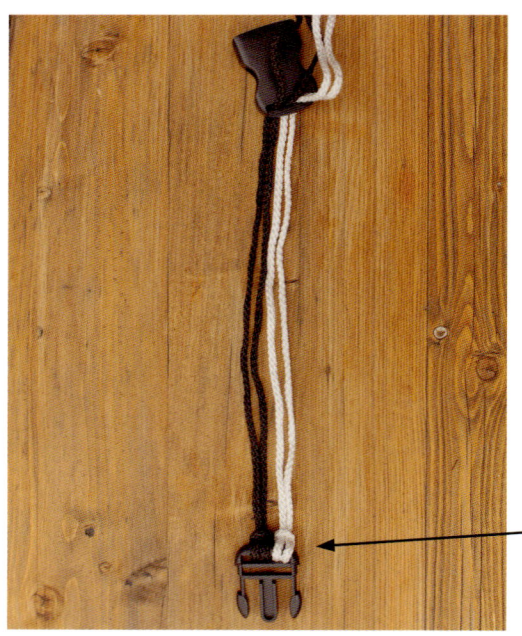

Zunächst wird der Halsumfang des Hundes gemessen. Messen Sie so, wie das Halsband später sitzen soll. Also nicht zu stramm.

Für ein Halsband, welches ca. 60 cm lang sein soll, benötigen Sie ca. 360 cm Seil in zwei Farben.

Andere Größen können entsprechend berechnet werden. Als Faustregel gilt ungefähr das Sechsfache der Länge des fertigen Halsbandes.

Ziehen Sie beide Seile durch das eine Teil des Klickverschlusses. Lassen Sie an jeder Farbe eine Schlaufe stehen und ziehen Sie beide Seile einer Farbe durch die eigene Schlaufe, um es an dem Ende zu fixieren. Siehe Beispiel:

Ziehen Sie diese nun durch das Gegenstück des Klickverschlusses.

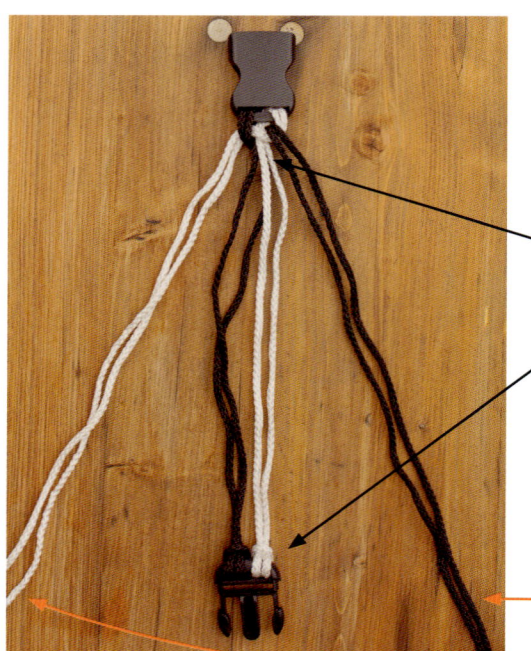

Anschließend bestimmen Sie die Länge des Halsbandes mittels der zwei Seile zwischen den beiden Teilen des Klickverschlusses. Diese dienen später nur als Leitfäden. In diesem Fall sind das 60 cm.

Leitfäden 2x schwarz und 2x weiß in der späteren Länge des Halsbandes.

Knüpffäden in sechsfacher Länge der Leitfäden.

Beginnen Sie dann mit dem Knüpfen.

Hierzu nehmen Sie die 2 langen Seilstücke und ordnen sie, in unserem Beispiel schwarz, schwarz, weiß, weiß. Nehmen Sie nun das rechte, äußere, weiße Seil und legen es locker über die beiden mittleren Leitfäden, sodass rechts eine Schlaufe entsteht, und anschließend unter das linke, äußere, schwarze Seil. Nehmen Sie nun das linke, äußere, schwarze Seil, führen es unter den beiden Leitfäden durch und knüpfen es von unten durch die rechts entstandene weiße Schlaufe. Ziehen Sie das Ganze fest.

Nun nehmen Sie das rechte, äußere, schwarze Seil, legen es locker über die beiden mittleren Leitfäden, sodass rechts eine Schlaufe entsteht, und dann unter das äußere, linke, weiße Seil. Nehmen Sie das äußere, linke, weiße Seil, führen es unter den beiden mittleren Leitfäden durch und knüpfen es von unten in die links entstandene weiße Schlaufe. Ziehen Sie das Ganze fest.

Ziehen Sie die Knoten nicht zu fest, ansonsten wellt sich das Halsband später.

So verfahren Sie bis zur Mitte der gewünschten Halsbandlänge. In der Mitte knüpfen Sie dann den O- bzw. D- Ring mit ein, indem Sie ihn einfach in ein oder zwei Knoten mit einbeziehen.

Wenn Sie am Ende des Halsbandes angelangt sind, führen Sie die Enden der Knotenseile durch das Halsband auf die Rückseite und verknoten sie dort. Zum Schluss kann man die Polypropylenseile an den Enden sehr gut mit einem Feuerzeug verschmelzen und somit ein Aufgehen der Knoten vermeiden.

BACKEN

Hinweise und Informationen zum Kapitel »Backen«

Wir haben in diesem Kapitel leckere Rezepte zusammengestellt, die sich hervorragend für das Befüllen der in diesem Buch vorgestellten Spiele eignen.

Achten Sie beim Einkauf der Zutaten immer auf gute und frische Produkte, denn diese garantieren Ihnen eine gute Akzeptanz und und wenig Spielraum für Unverträglichkeiten.
Um die Leckerlis schmackhafter zu gestalten, empfehlen wir, für die Herstellung eine selbst gemachte Brühe zu verwenden. Natürlich ohne Salz.

Gerne können Sie, falls im Rezept nicht angegeben, aromatische Kräuter wie Rosmarin, Fenchel, Thymian oder Salbei zugeben.
Manche Hunde mögen auch Knoblauch sehr gerne. Wenn Sie den Keksen Knoblauch zugeben, nehmen Sie Knoblauchgranulat, dieses hat weniger ätherische Öle und ist somit verträglicher.

Zur Aufbewahrung der Kekse empfiehlt sich ein Gefäß oder eine Dose, die nicht luftdicht abschließt. Vor dem Verpacken müssen die Kekse vollständig ausgekühlt sein. Sie sollten dann trocken und kühl gelagert werden.

Eine Ausnahme bilden hier die Agility-Leckerlis, diese sind im Kühlschrank ca. 2 – 3 Tage haltbar. Sie können aber problemlos portionsweise eingefroren werden und sind dadurch dann auch sehr lange haltbar.

Achtung

Bitte beachten Sie, dass diese Rezepte nicht zur ausschließlichen Ernährung Ihres Hundes dienen. Sie sind nur für die Belohnung geeignet. Sie wurden eigens für dieses Buch entwickelt und getestet. Beachten Sie auch, dass es zu unterschiedlichen Reaktionen sowie Nahrungsunverträglichkeiten kommen kann. Daher können weder Verlag noch Autorin Haftung für Personen-, Sach- oder Vermögensschäden übernehmen, die bei der Umsetzung dieser Rezepte entstehen können.

Selbstgemachte Brühe

Zutaten:

1 Suppenhuhn oder 1 Stück
Suppenfleisch (Rindfleisch)
1-2 Bund Suppengrün
(Möhren, Porree, Sellerie, Petersilie)
1,5 ltr. Wasser

Zubereitung:

Das Fleisch unter fließendem Wasser gut ab- bzw. auswaschen.

Wasser in einen großen Topf füllen und zusammen mit dem Fleisch und dem klein geschnittenen Gemüse ca. zwei Stunden leicht köcheln lassen. Bitte achten Sie darauf, das Fleisch und Gemüse in kaltem Wasser aufzusetzen, somit wird der ganze Geschmack der Zutaten an die Brühe abgegeben.

Die Brühe auskühlen lassen und über Nacht in den Kühlschrank stellen, am nächsten Tag das überflüssige Fett abschöpfen. Die Brühe abgießen und das Fleisch von den Knochen lösen. Beim Suppenhuhn gut aufpassen, dass sich keine kleinen Knochen mehr im Fleisch befinden. Diese können dem Hund gefährlich werden. Das Gemüse sollte nicht weiter verwendet werden. Das Fleisch kann für die Herstellung mit etwas gekochtem Reis als Mahlzeit serviert werden.

Die Brühe kann nun in kleinen Portionen gut eingefroren werden.

Tipp:
Ca. 30 Minuten vor Ende der Garzeit Kräuter, wie Rosmarin, Thymian, Petersilie zufügen. Gibt ein herrliches Aroma. Kräuter in ein Teesieb oder Teebeutel füllen, dann lassen sie sich später leichter entnehmen.

Agility Leckerlis

Zutaten:

Rezept 1 mit Rind:
200 g Rindfleisch
200 g Rinderleber
200 g Haferflocken
200 g Dinkelvollkornmehl
3-4 Eier

Zutaten:

Rezept 2 mit Geflügelleber:
400 g Geflügelleber
200 g Haferflocken
200 g Dinkelvollkornmehl
3-4 Eier

Zutaten:

Rezept 3 mit Huhn:
300 g Hähnchenbrustfilet
100 g Hähnchenleber
200 g Haferflocken
200 g Dinkelvollkornmehl
3-4 Eier

Zubereitung:

Fleisch und Leber waschen, trocken tupfen und in Würfel schneiden. Im Mixer der Küchenmaschine zerkleinern. Eier, Haferflocken und Dinkelvollkornmehl zufügen und die Masse auf höchster Stufe ca. drei Minuten durchmixen.

Backblech gut mit Butter oder Margarine einfetten und die Masse fingerdick auf das Backblech aufstreichen. Im vorgeheizten Backofen ca. 20-30 Minuten backen. Etwas auskühlen lassen und vorsichtig vom Backblech lösen. Wenn die Teigplatte erkaltet ist, in Würfel schneiden. Die Größe der Würfel den entsprechenden Spielen anpassen.

Um dem Ganzen noch etwas mehr »Würze« zu verleihen, kann man gerne noch etwas Petersilie oder getrockneten Knoblauch zufügen. Bei Knoblauch sollten Sie jedoch immer darauf achten, dass Sie nur getrockneten Knoblauch, also Granulat oder Pulver, verwenden, da der frische Knoblauch zu viel ätherische Öle enthält. Bitte den Knoblauch auch nur ganz sparsam einsetzen, denn die Hundenase ist um ein Vielfaches empfindlicher als unsere!

Ergibt ca. 780 g Agility-Leckerlis

Besonders geeignet für:

- Alle Holzspielzeuge ab S. 95
- Alle Outdoorspiele als Belohnung (ab S. 127)
- Würfeln S. 87
- Suchspiel S. 88
- Flaschendrehen S. 90
- Zipp-Zapp S. 91
- Verstecken S. 93

Den Backofen vorheizen.

Backzeit: 20-30 Minuten

Temperatur:
Heißluft 160 °C,
Ober- Unterhitze 180 °C

Tipp:
Die Leckerlis halten sich im Kühlschrank 2-3 Tage, können aber problemlos portionsweise eingefroren werden.

Brötchen

Zutaten:

300 g Dinkelvollkornmehl
150 g Roggenmehl
150 g Haferflocken
50 g Butter oder Margarine
1 Ei
300 ml Wasser

Zubereitung:

Alle Zutaten in der Küchenmaschine oder mit dem Handmixer mit Knethaken zu einem geschmeidigen Teig verarbeiten. Wenn der Teig zu fest ist, etwas Wasser zufügen; ist der Teig zu weich, noch etwas Mehl unterarbeiten.

Den Teig in Klarsichtfolie verpacken und 30 Minuten ruhen lassen. Anschließend noch mal mit der Hand gut durchkneten.

Teigstücke von ca. 150 g abwiegen, daraus Brötchen formen. Auf ein Backblech legen und ca. 3 Stunden backen. Nach der Backzeit eine Garprobe machen. Nehmen Sie ein Brötchen und klopfen gegen die Unterseite, hört es sich hohl an, ist das Brötchen fertig und durchgebacken.

Bitte immer darauf achten, dass die Teiglinge ganz durchgebacken sind, da ansonsten die Gefahr der Schimmelbildung droht.

Ergibt 6 Brötchen.

Geeignet für:

Auspack-Pakete S. 78
Suchspiel S. 88

Den Backofen vorheizen.

Backzeit: 3 Stunden

Temperatur:
Heißluft 140 °C,
Ober- Unterhitze 150 °C

Tipp:
Man kann noch 100–150 g Fleisch zufügen, Rinderhack o.ä. Auch gehacktes Obst oder Gemüse, etwas Rosmarin oder Kamille machen die Brötchen noch schmackhafter.

Fleischbällchen

Zubereitung:

Alle Zutaten in der Küchenmaschine oder mit dem Handmixer mit Knethaken zu einem geschmeidigen Teig verarbeiten. Wenn der Teig zu fest ist, etwas Wasser zufügen; ist der Teig zu weich, noch etwas Mehl unterarbeiten.

Den Teig in Klarsichtfolie verpacken und 30 Minuten ruhen lassen. Anschließend nochmal mit der Hand gut durchkneten.

Formen Sie aus dem Teig Rollen, der Durchmesser der Rollen sollte in etwa der Größe der fertigen Kugeln entsprechen. Nun von den Rollen kleine Stücke abschneiden und zu Kugeln formen.

Die Kugeln auf ein Backblech legen, sie sollten sich möglichst nicht berühren. Ca. 30 bis 45 Minuten im vorgeheizten Backofen backen. Nach Ablauf der Backzeit eine Garprobe machen: Sind die Kugeln in der Mitte noch feucht, die Backzeit entsprechend verlängern. Die Kugeln müssen vollständig durchgebacken sein, da sonst die Gefahr der Schimmelbildung droht.

Die Kugeln nach Ende der Backzeit noch eine Stunde im ausgeschalteten Ofen bei leicht geöffneter Ofentür aushärten lassen.

Ergibt ca. 350 g Fleischbällchen

Geeignet für :

- Alle Holzspielzeuge ab S. 95
- Alle Outdoorspiele als Belohnung ab S. 127
- Würfeln S. 87
- Suchspiel S. 88
- Flaschendrehen S. 90
- Zipp-Zapp S. 91
- Verstecken S. 93
- Kong S. 64

Den Backofen vorheizen.

Backzeit: 30-45 Minuten, je nach Größe

Temperatur: Heißluft 160 °C, Ober- Unterhitze 180 °C

Tipp:
Auch mit Fisch sehr lecker!

Große runde Kekse

Zutaten:

400 g Dinkelvollkornmehl

100 g Roggenmehl

100 g Haferflocken

100 g Hackfleisch

(Pute, Huhn, Rind)

ca. 300 ml Wasser oder Brühe

50 g Butter oder Margarine

Zubereitung:

Alle Zutaten in der Küchenmaschine oder mit dem Handmixer mit Knethaken zu einem geschmeidigen Teig verarbeiten. Wenn der Teig zu fest ist, etwas Wasser zufügen; ist der Teig zu weich, noch etwas Mehl unterarbeiten.

Den Teig in Klarsichtfolie verpacken und 30 Minuten ruhen lassen. Anschließend nochmal mit der Hand gut durchkneten.

Anschließend wird der Teig mit Hilfe eines Rollholzes etwa 5mm dick ausgerollt.

Mit Hilfe eines Wasserglases stechen Sie runde Kekse aus. Nehmen Sie nun ein kleines Glas, z.B. ein Schnapsglas, und stechen die Mitte aus.

Den so entstanden Kringel legen Sie auf das mit Backpapier ausgelegte Backblech und stechen ihn noch ein paar mal mit der Gabel ein.

Im vorgeheizten Backofen 30 Minuten backen. Anschließend noch eine Stunde im ausgeschalteten Ofen bei leicht geöffneter Ofentür aushärten lassen.

Ergibt ca. 600 g Kringel.

Geeignet für:

Auspack-Pakete S. 77
Suchspiel S. 88
Abheben S. 92
Verstecken S. 93

Den Backofen vorheizen.

Backzeit: 30 Minuten,
je nach Größe

Temperatur: Heißluft 160 °C,
Ober- Unterhitze 180 °C

Tipp:
Den Keks vor dem Backen mit Wasser bestreichen und in Haferflocken, Sesam oder Leinsaat tunken.
Macht ihn herzhafter!
Leinsaat bitte nicht so viel, fördert die Verdauung!

Kong®-Rezepte

Folgende Cremes und Füllungen eignen sich hervorragend für den Kong®, andere Snackbälle oder ähnliche Spielzeuge. Wir haben diese Rezepte mit dem Kong® ausprobiert, da er eingefroren und in der Mikrowelle erhitzt werden kann und auch die anschließende Reinigung in der Spülmaschine gut übersteht.

Joghurt- oder Margarinebecher können ebenfalls gut eingefroren werden, allerdings sind diese nicht mikrowellengeeignet.

Geeignet für :

Kong®
Snackbälle

Rezepte:

Bananeneis
Die Banane mit einer Gabel zerdrücken und mit dem Hüttenkäse und den Kokosflocken vermischen. Einfüllen und einfrieren.

Zutaten:
1 sehr reife Banane
Hüttenkäse
Kokosflocken

Resteverwertung
Nudeln oder Kartoffeln vom Vortag mit etwas Brühe (ohne Salz) so lange verkneten, bis ein Brei entstanden ist. Kleine Stücke Trockenfleisch unterrühren und einfüllen. Die Löcher mit Käse, zum Beispiel Gouda, verschließen und in der Mikrowelle schmelzen.

Wenn Sie ein Behältnis befüllen, welches sich nicht für die Mikrowelle eignet, stecken Sie den Käse in die Löcher und verschließen diese dann, indem Sie ein Stück Trockenfleisch verkanten oder einen dicken Keks fest eindrücken.

Zutaten:
Nudeln/Kartoffeln vom Vortag
Brühe (siehe Brühe S. 52)
Trockenfleisch
Käse z.B. Gouda

Achtung:
Bitte vollständig auskühlen lassen, bevor Sie es Ihrem Hund geben.

Besonders kniffelig:
Fleischbällchen (Rezept Seite 60) oder Agility Leckerlis (Rezept Seite 56) in den Kong füllen, kleine Stücke Käse dazugeben und gut durchschütteln. Dann in der Mikrowelle alles zusammenbacken lassen. Wenn der Kong ausgekühlt ist, diesen mit Quark, Joghurt oder Hüttenkäse füllen, mit ein paar Keksen fest verschließen und einfrieren.

Weihnachtsgebäck

Zutaten:

350 g Dinkelvollkornmehl
100 g Haferflocken
50 g weiche Butter oder
Margarine
100 ml Milch
75 ml Wasser
1 Ei
eine Prise Zimt

Duftet herrlich nach Zimt. Da kann kaum eine Fellnase widerstehen!

Zubereitung:

Alle Zutaten in der Küchenmaschine oder mit dem Handmixer mit Knethaken zu einem Teig verarbeiten. Mit Klarsichtfolie abdecken und 30 Minuten ruhen lassen.

Den Teig auf ca. 4 mm Dicke ausrollen und mit Weihnachtsmotiven ausstechen. Mit einer Gabel kleine Löcher in die Kekse drücken und das Ganze auf ein mit Backpapier ausgelegtes Backblech legen. Im vorgeheizten Backofen ca. 30 Minuten backen. Anschließend noch 1 Stunde im abgeschalteten Ofen bei leicht geöffneter Tür aushärten lassen.

Ergibt ca. 460 g Weihnachtsgebäck

Weihnachtsbaumschmuck:

Sie können aus diesem Rezept auch Weihnachtsbaumschmuck herstellen. Dafür den Teig etwas dicker, ca. 5 mm Dicke, ausrollen und große Kekse, wie z.B. Tannenbäume oder Sterne, ausstechen. Mit einer Stricknadel im oberen Teil des Kekses ein größeres Loch stechen; hier wird später ein Geschenkband durchgezogen, damit man die Kekse an den Weihnachtsbaum hängen kann. Die Kekse sehr gut mit einer Gabel einstechen, ansonsten besteht die Gefahr der Blasenbildung beim Backen.

Im vorgeheizten Ofen mindestens 40 Minuten backen, sollten sie nach der Backzeit noch nicht gar sein, weitere 10 Minuten backen und im ausgeschalteten Ofen bei leicht geöffneter Tür 1 Stunde aushärten lassen.

Wenn die Kekse erkaltet sind, durch das Loch ein Geschenkband ziehen und die Kekse an den Weihnachtsbaum hängen.

Geeignet als:

- Geschenk
- Weihnachtsbaumschmuck
- Auspack-Pakete S. 78
- Verstecken
- Suchspiel

Tipp:
Schön verpackt auch ein ideales kleines Geschenk!

Den Backofen vorheizen.

Backzeit: 30 Minuten

Temperatur: Heißluft 160 °C, Ober- Unterhitze 180 °C

WEIHNACHTEN

Adventskalender

Material:

Filz, Stoff oder Geschenkpapier
2 Bögen farbiger Karton
Klebstoff (lösungsmittelfrei) oder
selbst gemachter Kleber, s.S. 74
Watte
Zahnstocher
25 Trinkbecher
Dekorstift
Evtl. 24 Bierdeckel, wenn der Hund
die Mützen selber auspacken darf.

Dieser Adventskalender wird aus einfachen Trinkbechern gebastelt.

Die Becher werden mit Filz, Stoff oder Geschenkpapier beklebt.

Wenn Sie Filz oder Stoff verwenden, sollten Sie diesen mit Klebstoff anbringen. Bitte geben Sie den Adventskalender dann aber nicht dem Hund zum Auspacken, denn Klebstoff ist giftig für Hunde! Als Alternative bietet sich altes Geschenkpapier an. Dieses kann man mit einem selbst gemachten Kleber aus Maisstärke aufkleben und hat den Vorteil, dass der Hund jeden Tag sein »Mützen-Türchen« selber aufmachen darf.

Als erstes fertigen Sie eine Schablone, um die Trinkbecher zu verkleiden.

Hierfür nehmen Sie einen Trinkbecher und schneiden ihn einmal längs auf. Den oberen Rand sowie den Boden herausschneiden. Legen Sie die Schablone auf ein Blatt Papier und zeichnen Sie diese nach, wobei Sie an der rechten und linken Seite 1 cm zugeben, damit der Stoff beim Zusammenkleben etwas überlappt.

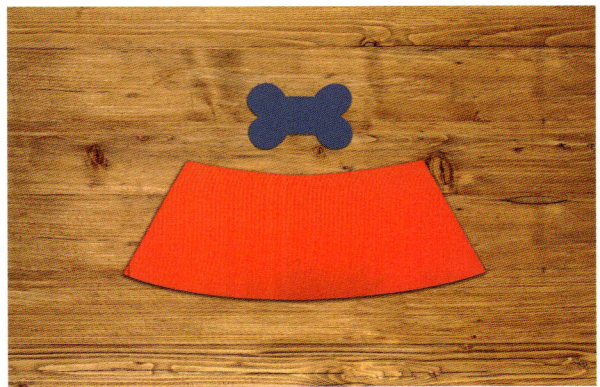

Die Schablone ausschneiden und nun für alle Becher den Stoff mit Hilfe der Schablone zurechtschneiden und aufkleben. Antrocknen lassen. Wenn Sie mit selbst gemachten Kleber arbeiten, bitte über Nacht trocknen lassen.

Die Watte, wenn gewünscht, auf die Becher kleben. Aus dem bunten Karton 24 kleine Knochen mit Hilfe der Vorlage ausschneiden und beschriften. Diese dann auf die Zahnstocher kleben, antrocknen lassen und oben in die Becher stecken.

Die fertigen Mützen befüllen und mit dem selbst gemachten Kleber auf die Bierdeckel kleben. Dies ist nur nötig, wenn der Hund die Mützen selber auspacken darf.

Wenn der Hund die »Türchen« selber auspackt, sollte auf die Zahnstocher verzichtet werden, entweder die beschrifteten Knochen auf den Becher kleben oder mit Nadel und Faden festnähen oder die Becher mit einem Stoffmalstift beschriften.

Ansonsten kann man die Nikolausmützen z.B. auf einer Anrichte hübsch dekorieren und der Hunde bekommt jeden Tag eine kleine Überraschung, die unter den Mützen versteckt ist.

Rezept für essbaren Kleber

40 g Maisstärke
40 ml Wasser
1 - 2 Tel. Zucker
400 ml heißes Wasser

Zunächst verrühren Sie die Maisstärke mit 40 ml Wasser und dem Zucker.

Die restlichen 400 ml Wasser einmal aufkochen und leicht abkühlen lassen. Die Wasser-Mais-Mischung langsam unterrühren. Fertig ist der Kleber.

Sie können anstelle der Maisstärke auch Kartoffelstärke nehmen. Die Zubereitung ist dann aber etwas anders: Kartoffelstärke mit 40 ml Wasser verrühren.

Die 400 ml Wasser aufkochen und die Stärke-Wasser-Mischung in das kochende Wasser einrühren und einmal unter ständigem Rühren aufkochen.

Achtung:
Künstlicher Klebstoff ist giftig für den Hund!

Ein Stern

Material:

Holzplatte
3 Aufhänger, selbstklebend
24 Toilettenpapierrollen
Klebstoff (lösungsmittelfrei) »Stern« und selbst gemachter Kleber »Päckchen«
24 Stoff- oder Papierstücke 17 x 20 cm
Geschenkband
Stoff zum Beziehen
Selbstklebendes Klettband
2 Bögen farbiger Karton

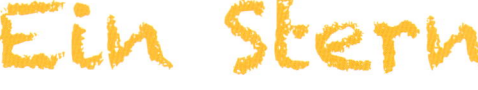

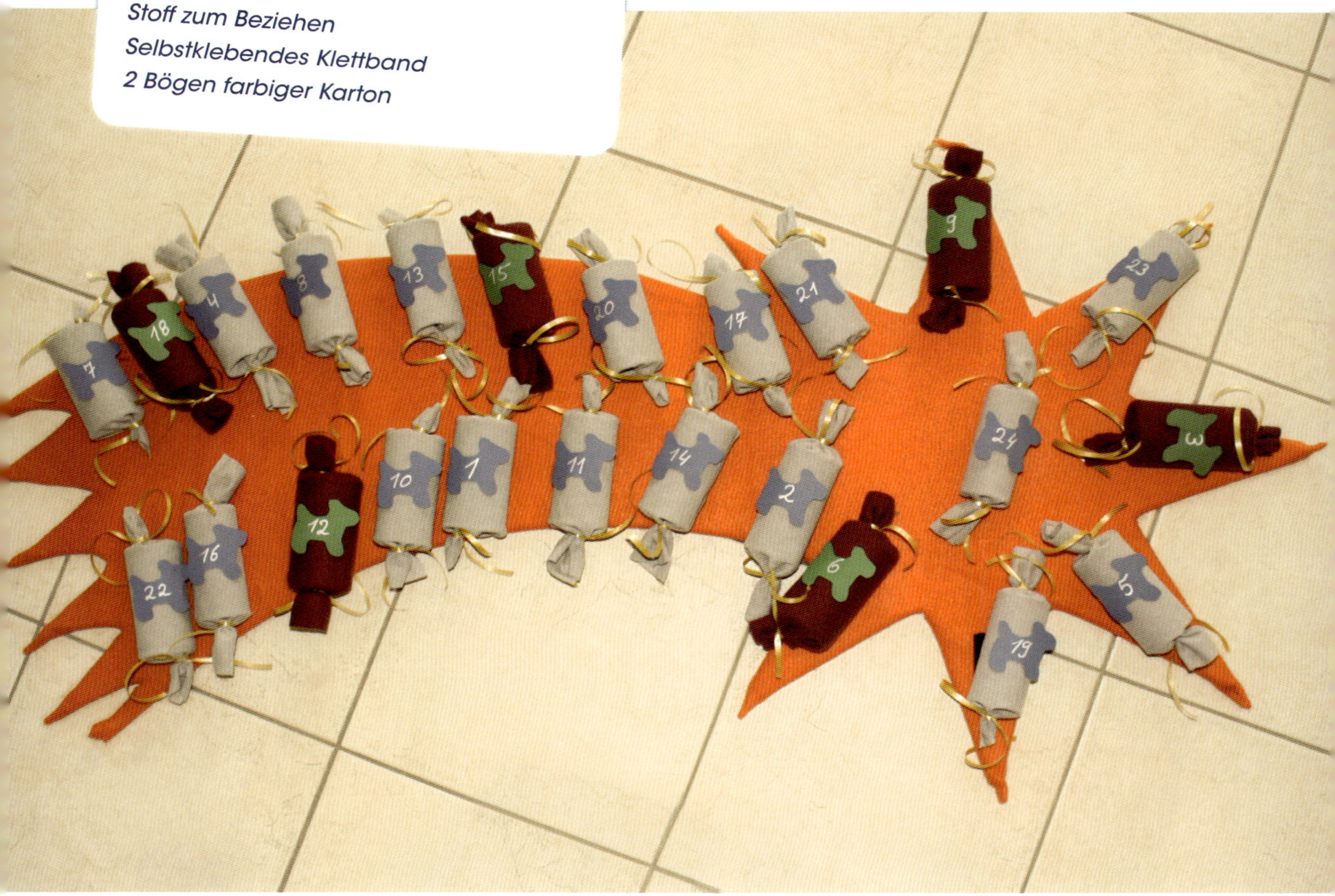

Die Toilettenpapierrollen werden mit Stoff oder Geschenkpapier beklebt.

Wenn Sie möchten, dass Ihr Hund später die »Bonbons« selber auspacken darf, arbeiten Sie bitte mit Geschenkpapier und selbst gemachtem Kleber.

Künstlicher Klebstoff ist nämlich giftig für den Hund und Stoff hat den Nachteil, dass er sich nicht mit selbst gemachten Kleber verarbeiten lässt.

Das Rezept für essbaren Kleber finden Sie auf Seite 72.

Zunächst werden alle Toilettenpapierrollen mit dem Stoff bzw. Geschenkpapier beklebt. Diese gut trocknen lassen.

Die Schablone für den Stern vergrößern, übertragen und aussägen.

Sehr hübsch sieht es aus, wenn Sie den Stern mit Fleece beziehen. Wir haben dafür eine alte Decke verwendet. Den Stern auf die Decke bzw. den Stoff legen und mit je 3 cm Zugabe ausschneiden, die Decke bzw. den Stoff dann festkleben (hier kann herkömmlicher Kleber verwendet werden) oder tackern. Auf der Rückseite des Sterns werden nun noch die Aufhänger befestigt.

Die getrockneten Toilettenpapierrollen befüllen und an den Seiten mithilfe des Geschenkbandes zuknoten. Sie sehen dann nachher aus wie Bonbons.

Diese werden dann mit dem Klettband auf dem Stern befestigt.

Einfache Spiele

Auspack-Pakete

Material:

Leckerlis zum Einpacken
(siehe Rezept Brötchen S. 58)
Küchenpapier
Alte Zeitungen
Geschenk- oder Packpapier
Selbst gemachter Kleber

Bitte verwenden Sie für die Herstellung der Auspackpakete immer nur selbst hergestellten, »essbaren« Kleber. Herkömmlicher Kleber ist giftig für den Hund und sollte somit nicht verwendet werden.

Das Rezept für essbaren Kleber finden Sie auf Seite 72

Packen Sie die Leckerlis immer zuerst in Küchenpapier, damit sie keine Druckerschwärze oder ähnliches, z. B. vom Zeitungspapier, aufnehmen können.

Nachdem die Leckerlis gut in Küchenpapier eingewickelt wurden, schlagen Sie diese in Zeitungspapier ein. Wie viel oder wie dick das Paket werden soll, bestimmen Sie selber.

Klar ist, je dicker das Paket, umso länger dauert das Auspacken.

Die letzte Schicht wird dann mit dem selbst gemachten Kleber fixiert.

Etwas hübscher sieht das Ganze dann noch aus, wenn man das fertige Paket in Geschenkpapier einwickelt und festklebt. Hierfür lässt sich prima altes Geschenkpapier verwenden. Über Nacht trocknen lassen.

Tipp:
Sie können die Leckerlis auch sehr gut zuerst in Eierkartons oder sonstige kleine Kartons verpacken und anschließend mit Zeitungspapier umwickeln. Das Paket klappert dann noch schön und die ganze Sache wird für den Hund noch etwas spannender.

Knotenseil für Zerrspiele

Material:

Stoffstreifen ca. 10 cm x 100 cm
Sehr gut eignen sich Fleecedecken,
da sie nicht ausfransen.

1

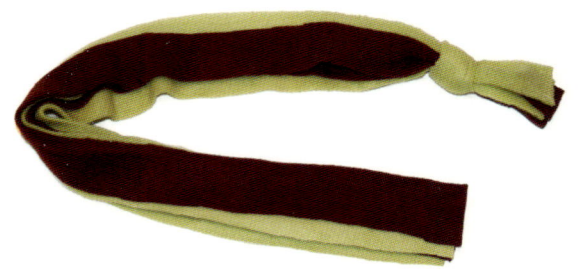

Die Enden an einer Seite verknoten ...

Dieses Knotenseil eignet sich hervorragend für Zerr-spiele. Die Angaben zum Material sind für einen mit-telgroßen Hund gedacht.

Möchten Sie ein kleineres oder größeres Seil herstel-len, können Sie mit den Größenangaben entspre-chend variieren.

Das fertige Knotenseil hat die halbe Länge des Stoff-streifens. Also 1 m Stoffstreifen = ca. 50 cm Knotenseil.

Wenn Sie schmalere Stoffstreifen verwenden, las-sen sich auch sehr schöne Hundeleinen mit dieser Flechttechnik herstellen. Achten Sie bitte auf einen besonders reißfesten Stoff.

2

... auffächern

3

Den Knoten zwischen Zeige- und Mittelfinger halten.

4

Rotes Band über den Daumen legen.

5

Grünes Band über das rote Band legen.

6

Das untere rote Band über das grüne Band legen. Nun das grüne Band zuerst über das rote Band legen und dann durch das obere rote Band ziehen.

7

Die beiden roten Bänder leicht anziehen.

8

Die beiden grünen Bänder leicht anziehen.

9

Nun die beiden roten Bänder fest anziehen...

10

...und auch die beiden grünen Bänder fest anziehen.

11

Die Schritte 9-10 so lange wiederholen, bis der Knoten ganz fest gezogen ist.

Ball filzen

Material:

Unterwolle des Hundes oder Schafwolle
Kernseife
Schüssel
Handtuch
Warmes Wasser

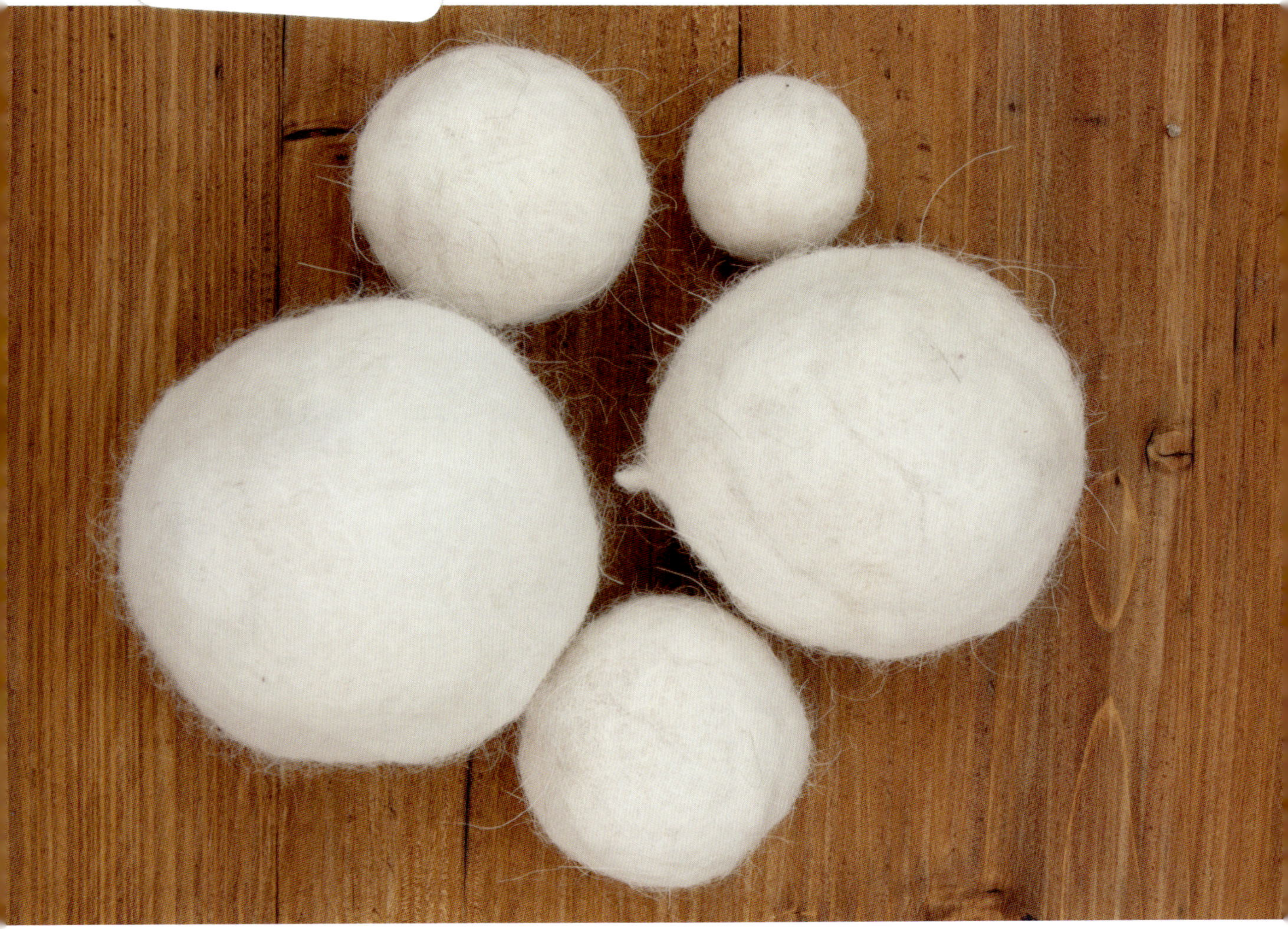

Wenn Sie, so wie wir, einen Hund mit sehr viel Hunde-wolle haben, können Sie aus dieser feinen Unterwolle wunderbar Bälle filzen.

Sowohl unser Hund als auch unsere Katzen spielen sehr gerne mit diesen Bällen.

Bitte achten Sie nur darauf, dass die Bälle nicht gefres-sen werden. Dies kann zu Magenproblemen führen. Die Bälle sind nur für Hunde geeignet, die nur damit spielen und sie nicht auffressen oder auseinanderreißen.

Schritt 1

Legen Sie das Material auf eine saugfeste und ver-schmutzbare Fläche: Unterwolle des Hundes; Kernseife Schüssel; Handtuch; Warmes Wasser

Schritt 2

Nehmen Sie ein kleines Stück Wolle und formen dies, zunächst trocken, zu einem kleinen Ball.

Schritt 3

Rollen Sie den Ball, immer noch trocken, einige Zeit, so-dass sich schonmal eine Form bildet.

Schritt 4

Feuchten Sie nun den Ball mit warmen Wasser etwas an. Nehmen Sie mit der Hand ein wenig Kernseife auf und rollen den Ball mit wenig Druck weiter.

Schritt 5

Nun nehmen Sie immer ein kleines Stück Wolle und legen es um den Ball.

Schritt 6

Immer wieder ein wenig anfeuchten, etwas Seife dazu, nicht zuviel, und weiter mit wenig Druck rollen.

Schritt 7

So verfahren Sie weiter, bis der Ball groß genug ist. Bitte beachten Sie, dass der Ball beim eigentlichen Filzen noch schrumpft.

Schritt 8 und 9

Wenn der Ball die richtige Größe erreicht hat, tauchen Sie ihn ganz ins Wasser ein und drücken ihn anschließend leicht aus.

Schritt 10

Immer zwischendrin etwas Seife aufnehmen.

Schritt 11

Fangen Sie nun an, mit mehr Druck zu rollen. Zwischendurch kann auch immer mal auf dem Handtuch gerollt werden. Achten Sie aber immer auf die runde Form. Wenn man nur auf dem Handtuch rollt, verformt sich der Ball gerne und ist später nicht mehr rund.

Sie merken schnell, dass der Ball fester wird.

Wiederholen Sie Schritt 8-11 einige Male, bis der Ball die gewünschte Festigkeit erreicht hat.

Der Ball wird nun unter fließend warmem Wasser ausgewaschen, damit später keine Seifenreste mehr enthalten sind. Der Ball muss nun einige Tage an einem warmen Ort trocknen.

Würfeln

Schneiden Sie in den Becher einige Löcher, die groß genug sind, dass die Leckerlis später herausfallen können.

Der Becher wird mit Leckerlis gefüllt und verschlossen, nun sollte der Hund diesen durch Rollen so bewegen, dass die Leckerlis herausfallen können.

Variante:

Nehmen Sie einfache Pappbecher, füllen diese mit Leckerlis und stopfen dann ausreichend Zeitungspapier in den Becher, sodass die Leckerlis nicht einfach so herausfallen können.

Der Hund kann nun den Becher zerreißen, um an seine Leckerlis zu kommen.

Suchspiel

Material:

Karton, Wanne oder Korb
Toilettenpapierrollen
Evtl. Styroporchips
Vielleicht noch etwas Geschenkpapier, um den Karton zu bekleben.

Das Behältnis für das Suchspiel sollte der Größe Ihres Hundes angepasst sein.

Es darf nicht zu hoch sein, damit der Hund bequem im Stehen mit dem Kopf »eintauchen« kann und auch bis auf den Boden des Behältnisses kommt. Ebenfalls muss es breit genug sein, damit der Hund ein bisschen in dem Karton, der Wanne oder dem Korb wühlen kann.

Den Karton, die Wanne oder den Korb mit Toilettenpapierrollen und den Styroporchips befüllen.

WICHTIG: Verwenden Sie nur Styroporchips, wenn Sie sicher sind, dass Ihr Hund diese nicht frisst. Ansonsten können gesundheitliche Probleme entstehen. Nehmen Sie ansonsten bitte nur Toilettenpapierrollen oder zusammengeknülltes Zeitungspapier. Sie können auch kleine Kartonschnipsel nehmen. Es geht alles, was dem Hund nicht schadet und worin er wühlen kann.

Verstecken Sie die Leckerlis in dem Karton und lassen Ihren Hund suchen.

Tipp: Dieses Spiel eignet sich auch hervorragend für Katzen.

Spiele mit Stühlen

Bei schlechtem Wetter kann man den Hund wunderbar in der Wohnung beschäftigen. Ein paar Stühle, eine Decke und ein Holzstab reichen schon aus.

Bauen Sie aus zwei Stühlen und einer Decke einen Tunnel und lassen Sie den Hund durch den Tunnel laufen.

Je nach Größe kann der Hund auch mal auf einen Stuhl springen oder unter dem Stuhl durchkriechen.

Aus zwei Stühlen und einem Holzstab kann man leicht eine Hürde bauen. Auch hier geht es wieder drunter oder drüber.

Rund um den Stuhl: Setzen Sie sich auf den Stuhl und lassen den Hund um sich herum laufen.
Man kann auch aus mehreren Stühlen einem Slalom bauen, den der Hund dann durchlaufen kann.

Achten Sie bei Spielen, bei denen gesprungen wird, bitte immer auf einen rutschfesten Boden.

Flaschendrehen

Material:

PET-Flasche
Holzstab
Schere

Nehmen Sie den Verschluss von der Flasche ab. Schneiden Sie dann in der Mitte der Flasche zwei gegenüberliegende Löcher ein, die groß genug sein sollten, damit sich der Holzstab durchschieben lässt.

Schieben Sie nun den Holzstab durch die Öffnungen, die Flasche sollte sich leicht drehen lassen.

Füllen Sie Leckerlis in die Flasche. Nun lassen Sie Ihren Hund vor sich sitzen und halten ihm die Flasche so hin, dass er diese entweder mit den Pfoten oder der Schnauze dreht.

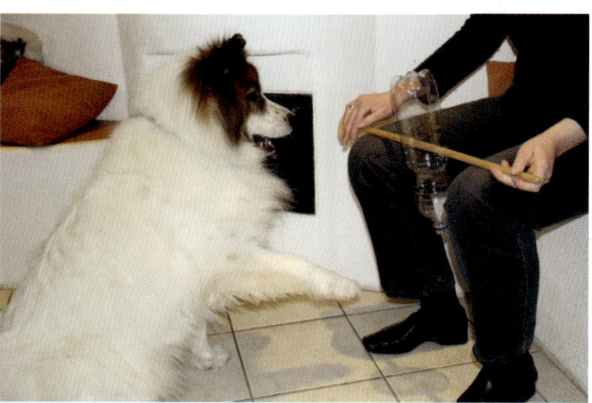

Material:

PET-Flasche
Karton- oder Holzstreifen
Schere

Zipp-Zapp

Nehmen Sie den Verschluss von der Flasche ab. Schneiden Sie dann in der Mitte der Flasche zwei gegenüberliegende Schlitze ein. Diese sollten groß genug sein, damit sich der Karton- bzw. Holzstreifen gut durchschieben lässt.

Der Karton- bzw. Holzstreifen sollte so breit sein, dass die Leckerlis darauf liegenbleiben, wenn Sie die Leckerlis in die Flasche füllen und diese dann umdrehen.

Schieben Sie nun den Karton- bzw. Holzstreifen durch die Öffnungen, der Streifen sollte sich relativ leicht herausziehen lassen.

Füllen Sie Leckerlis in die Flasche und drehen diese um. Nun lassen Sie Ihren Hund vor sich sitzen und halten ihm die Flasche so hin, dass er den Streifen mit der Schnauze herausziehen kann.

Diverse Spielideen

Abheben

Nehmen Sie ein paar Leckerlis mit einem Loch in der Mitte. Ein Rezept dazu finden Sie in diesem Buch auf Seite 62.

Reihen Sie die Leckerlis auf den Holzstab. Nun setzen Sie Ihren Hund vor sich und lassen ihn die Kekse vom Stab abknabbern.

Etwas schwieriger wird es, wenn Sie den Holzstab senkrecht auf einem Brett befestigen.

Alternativ können Sie auch einen Küchenrollenständer nehmen. Nun legen Sie die Kekse über den Stab und der Hund sollte versuchen, die Kekse vorsichtig abzuheben und erst dann zu fressen!

Tauchen

Legen Sie die rutschfeste Unterlage auf den Boden. Nun die Schüssel mit Wasser auf die Unterlage stellen. Die Leckerlis werden in das Wasser gelegt und der Hund darf sie nun fischen. Wenn Ihr Hund das mag, können Sie auch Leckerlis verwenden, die untergehen. Dann muss er kurz danach tauchen.

Verstecken

Nehmen Sie Leckerlis und verstecken diese in der Wohnung. Anfangs darf der Hund ruhig noch dabei zusehen. Später sollten Sie die Leckerlis so verstecken, dass der Hund Ihnen nicht dabei zusieht. Dies erhöht den Schwierigkeitsgrad und macht die Sache spannender.

Gerne können Sie auch, sollte der Hund mit Trockenfutter ernährt werden, die komplette Mahlzeit verstecken.

Verstecke sind überall möglich, wo der Hund sie finden kann und sich nicht verletzt:
unter Schränken, hinter Kissen, auf dem Stuhl.

Legen Sie eine »Fährte«, vielleicht durch den Flur, indem Sie hier und da ein Leckerli bis zum Versteck streuen, wo er dann eine größere Belohnung findet.

Sie können aber auch die Leckerlis oder das Futter in kleine Becher füllen und dann verstecken.

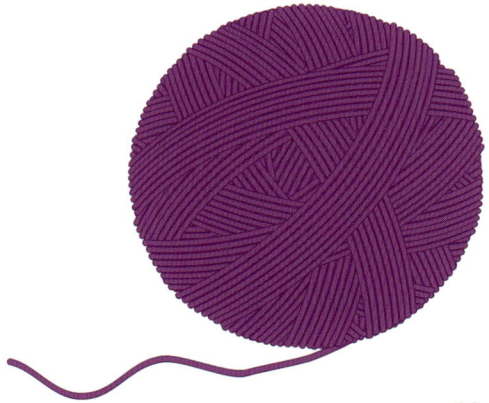

HOLZSPIELZEUG

Hinweise und Informationen zum Kapitel »Holzspielzeug«

Für die Herstellung der im folgenden Kapitel beschriebenen Spielzeuge brauchen Sie geeignetes Werkzeug und entsprechend ausgewähltes Holz.

Für den Fall, dass Sie nicht über geeignetes Werkzeug verfügen, insbesondere für den maßhaltigen Zuschnitt der benötigten Platten, sprechen Sie einen Verkäufer in dem Baumarkt Ihres Vertrauens an. Gegen eine geringe Gebühr (oder teilweise sogar kostenlos) werden die Zuschnitte auf Maß vor Ort gefertigt.

Von Vorteil ist ein gewisses Maß an handwerklichen Fähigkeiten, um die beschriebenen Spielzeuge zu bauen. Die benötigten Werkzeuge werden bei jedem Spielzeug angegeben, genauso wie eine detaillierte Materialliste mit Bemaßung. Das Holz sollte so ausgewählt werden, dass es in jedem Fall unbehandelt und entsprechend der Verwendung Hart- oder Weichholz ist. Geeignet für Trägerplatten und Deckel sind auch handelsübliche Sperrholzplatten, auch Bastelplatten genannt. Ungeeignet ist Eichenholz, da die Gerbsäure im Holz, wenn es unter die Haut gelangt, zu Entzündungen bei Hund wie beim Menschen führt.

Schleifpapier ist in Bögen erhältlich. In den folgenden Werkzeuglisten ist mit 1x ein Bogen Schleifpapier gemeint.

Entgraten

Dies bedeutet das Entfernen der fransigen Kanten entlang der Schnittkante und verhindert, dass Splitter abplatzen und der Hund sich verletzt. Entgraten kann man mit einer Feile oder Schleifpapier.

Bitte bedenken Sie, dass die Maßhaltigkeit unabdingbar für ein gutes Gelingen ist. Je genauer Sie arbeiten, desto einfacher ist der Zusammenbau.

Beim Zusammenbau sollte auf Leim verzichtet werden, weil durch das Einspeicheln beim Spielen nicht ausgeschlossen werden kann, dass sich der Leim löst und vom Hund aufgenommen wird. Dies kann zu Erkrankungen Ihres Hundes führen. Alle Bauteile werden daher in den Anleitungen verschraubt.

Schleifen Sie alle Schnittflächen sorgfältig mit Schleifpapier ab, damit Ihr Hund sich nicht an hervorstehenden Splittern verletzt. Dies gilt selbstverständlich auch für den Menschen. Senken Sie alle Schraubenköpfe ab, damit sich Ihr Tier nicht daran verletzen kann. Achten Sie ebenfalls darauf, dass keine Schraubenspitzen durch das Holz hindurch reichen, und damit eine Verletzungsgefahr bergen könnten. Falls das Spielzeug auch draußen genutzt werden soll, streichen oder reiben Sie es mit normalem Speiseöl (Raps, Sonnenblumen, etc.) ein. Bedenken Sie, dass die Verwendung im Outdoorbereich nicht vorgesehen ist und dies die Haltbarkeit des Spielzeuges wesentlich verkürzt.

Je nach Temperament Ihres Hundes sollten Sie ihn nicht alleine spielen lassen. Mitunter wird das Spiel sehr

Verschiedene Sägen: (von links nach rechts) Eisensäge; Laubsäge; Japansäge (oben); Fuchsschwanz (unten).

Es gibt verschiedene Formen an Japansägen. Fragen Sie bei Ihrem Baumarkt nach und wählen die Säge, die Ihnen am meisten zusagt, für unsere Zwecke ist die Art unerheblich.

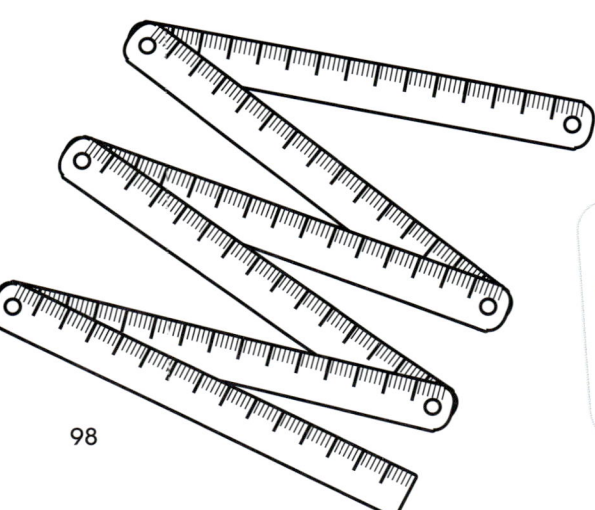

wild und kann bis zur Zerstörung des Spielzeuges führen, falls der Hund uneingeschränkt darüber verfügen kann. Vor allem dann, wenn die Leckerlis irgendwann alle genascht sind, wird er weitersuchen.

Alle beschriebenen Bauanleitungen sind für Hunde mittlerer Größe (30-50 cm Schulterhöhe) konzipiert. Bei entsprechend kleineren oder größeren Hunden sind die Anleitungen und Bemaßungen entsprechend zu verkleinern oder zu vergrößern. Wenn das beschriebene Spielzeug z.B. halb so groß gebastelt werden soll, teilen Sie alle Maße durch zwei und Sie können das Spielzeug entsprechend kleiner bauen. Die Materialstärke sollte gleich bleiben, wegen der Verschraubungen.

Bei den Verschraubungen ist dann ebenfalls die Verwendung von kürzeren und dünneren bzw. größeren und dickeren Schrauben nötig. Dies sollte der Bastler in dem jeweiligen vorliegenden Fall anpassen. Wichtig ist lediglich, dass die Verschraubungslöcher generell vorgebohrt werden, um Splitterung des Holzes zu vermeiden und dass die Schraubenspitzen nicht durch das Holz an der gegenüber liegenden Seite hervorstehen, sodass sie den Hund verletzen könnten.

Japansägen funktionieren etwas anders als herkömmliche Sägen. Sie sägen beim Ziehen und nicht beim Schieben. Man sollte beim Schieben also keinen Druck ausüben, sondern nur »leicht« beim Ziehen, da das Sägeblatt relativ dünn ist und leicht verbiegen kann.

Mit diesen Sägen lassen sich sehr präzise Schnitte setzen und das Sägen geht aufgrund der Schärfe der Zähne besonders einfach von der Hand.

Wichtig:
Lassen Sie Ihren Hund niemals alleine mit seinem neuen Spielzeug! Die Gefahr, dass er Teile abbricht und sich somit verletzen kann, ist sonst zu hoch.

Kassette

Materialliste

Gewählte Holzart: Bastelplatte, Hartholz, gehobelt
(geeignete Arten sind Buche, Esche)
1x Holzplatte 250x250mm (Grundplatte)
2x Holzplatten 100x35x10mm (Seitenteile)
2x Holzplatten 70x20x10mm (Kopf- und Fußteil)
1x Holzplatte 10x80x5mm (Schiebeteil)
12x Holzschrauben Kreuzschlitz Senkkopf 25x2mm
70 mm Schnur (Baumwolle) ca. 5mm Ø

Benötigte Werkzeuge:

Lineal
Bleistift
Anschlagwinkel
Fuchsschwanz oder Japansäge
Stechbeitel
1 x Schleifpapier 180 er Körnung
Holzfeile 4-Kant
Kreuzschlitzschraubendreher
Schlitzschraubendreher
Schraubzwingen
Bohrmaschine
1,5 ; 2; 5 mm Bohrer

1 x Trägerplatte und 1 x Deckel (Weichholz) sowie 2 x Seitenteile mit Nut und 1 x Vorder- und Rückseite (Hartholz) und 1 x Schnur.

Schritt 1

Alle Zuschnitte entsprechend den Bemaßungen zuschneiden und entgraten.

Schritt 2

Um die Führungsnuten für den Deckel zu erstellen, nehmen Sie die beiden Seitenteile (100 x 30 x 5 mm) und messen in Längsrichtung von der Oberkante 5mm und 10 mm ab und zeichnen dort eine parallele Linie. Sägen Sie exakt an diesen Linien 5mm ein. Zwischen den Schnitten sägen Sie einen weiteren Einschnitt. Hebeln Sie mit einem Schlitzschraubendreher vorsichtig die angesägten Stücke heraus. Mit Hilfe einer kleinen Feile oder einem Stechbeitel ebnen Sie die Fläche und schleifen diese anschließend mit Schleifpapier glatt. Die Führungsnuten sind damit fertig. Gehen Sie hier unbedingt sorgfältig und langsam vor, um diesen Arbeitschritt nicht durch Unachtsamkeit wiederholen zu müssen.

Führungsnut

Schritt 3

Nehmen Sie die Seitenteile (jetzt mit Nut) und die Vorder- und Hinterteile und fügen Sie diese im rechten Winkel zusammen. Fixieren Sie das Ganze mit Schraubzwingen. Probieren Sie, ob der Deckel sich leicht in den Führungsnuten bewegen lässt. Falls dies nicht der Fall sein sollte, arbeiten Sie die Nuten oder den Deckel entsprechend nach, bis die Leichtgängigkeit hergestellt ist. Anschließend verschrauben Sie die Teile, nachdem Sie entsprechende Bohrungen für die Schrauben mittig zur Materialstärke hergestellt haben. Verschrauben Sie die Bodenplatte in gleicher Weise.

Bei allen Bohrungen sollten Sie das Senken mit dem 5 mm Bohrer nicht vergessen. Damit wird erreicht, dass die Schraubköpfe so weit in der Senkung verschwinden, dass diese bündig mit der Werkstückoberfläche aufliegen können.

Schritt 4

Bohren Sie mittig ein 5 mm Loch, durch das Sie das Seil führen und verknoten. Prüfen Sie nochmals den Deckel auf Leichtgängigkeit. Falls nötig, ölen Sie die Laufflächen oder schleifen nochmals nach.

Memory

Materialliste:

Gewählte Holzart: Bastelplatten, Kiefer, gehobelt

1 x Holzplatte 250 x 250 x 18 mm
1 x Holzplatte 250 x 250 x 18 mm
1 x Holzplatte 250 x 250 x 5 mm
1 x Rundstab Ø 20 x 700 mm
9 x Holzschrauben Kreuzschlitz Senkkopf 30 x 2,5 mm
4 x Holzschrauben Kreuzschlitz Senkkopf 40 x 2,5 mm

Schritt 1

Schneiden Sie alle Platten auf Maß zu und schleifen die Kanten mit dem Schleifpapier glatt. Legen Sie die drei Holzplatten übereinander.

Die oberste und mittlere Platte ist 18 mm stark, die untere 5 mm. Verschrauben Sie die drei Platten miteinander, nachdem Sie in allen vier Ecken entsprechende Löcher vorgebohrt haben.

Nun schleifen Sie alle Kanten so ab, dass keine Überstände oder scharfe Kanten verbleiben.

Markieren Sie mittels eines Striches alle Platten, damit diese später wieder in der gleichen Position aufeinander gelegt werden können. Nun demontieren Sie die Platten wieder.

Schritt 2

Nehmen Sie die oberste, 18 mm starke Platte und teilen diese mit Lineal und dem Anschlagwinkel so ein, dass Sie neun Schnittpunkte erhalten. An diesen Schnittpunkten wird dann jeweils ein Loch mit dem Kronenbohrer gebohrt. Der Durchmesser der Löcher beträgt 65 mm.

Die ausgeschnittenen Scheiben werden für die Herstellung der Hütchen benötigt. Schleifen Sie die Bohrlöcher glatt. Ebenfalls die Scheiben.

Die mittlere, 18 mm starke Platte wird ebenso vermessen. Die Bohrlöcher müssen kleiner sein als die der oberen Platte, damit eine Auflagefläche für die Hütchen entsteht. Achten Sie darauf, dass die Bohrlöcher genau unter denen der oberen Platte positioniert sind. Der Durchmesser sollte 10 mm weniger, also 55 mm betragen.

Benötigte Werkzeuge:

Lineal
Bleistift
Anschlagwinkel
Fuchsschwanz oder Japansäge
1 x Schleifpapier 180er Körnung
Kreuzschlitzschraubendreher
Bohrmaschine
2; 5 mm Bohrer
Kronenbohrersatz
(diverse Durchmesser)

Kronenbohrer

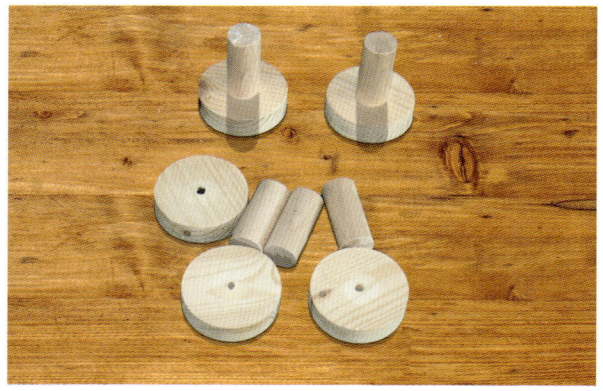

Senken Sie ebenfalls alle Bohrlöcher ab. Die Scheiben werden für das entstehende Spielzeug nicht weiter benötigt und können für andere Ideen verwendet werden. Abschließend werden nun die drei Platten wieder verschraubt und nochmals auf scharfe Kanten kontrolliert.

Schritt 3

Um die Hütchen herstellen zu können, benötigen Sie nun die ausgeschnittenen Scheiben aus der obersten Platte. Sie werden feststellen, dass bereits bei dem Ausschneiden durch den Kronenbohrer ein mittiges Loch entstanden ist. Dieses wird für die Verschraubung mit dem Rundstab benötigt.

Schneiden Sie nun den Rundstab in neun gleich lange Teile und schleifen Sie sorgfältig alle runden Abschnitte ab. Zeichnen Sie auf jedem Rundstab den Mittelpunkt ein und bohren dort ein ca. 25 mm tiefes Loch mit dem 2,5 mm Bohrer. Verschrauben Sie nun alle Rundstäbe mit je einer Scheibe. Jetzt haben Sie alle Hütchen fertig gestellt.

Schritt 4

Testen Sie nun, ob alle Hütchen in die zuvor erstellten Öffnungen passen und leicht entnommen werden können. Anschließend kann ein erster Test mit dem Hund durchgeführt werden.

Um das Spielzeug vor Umwelteinflüssen und Einspeicheln zu schützen, streichen Sie alle Teile mit einem Lebensmittelöl ein. Dieser Schutz bedeutet aber keinesfalls, dass das Spielzeug wetterfest ist. Es sollte nicht im Regen oder draußen stehen bleiben. Ebenfalls sollte der Hund nie alleine damit spielen, da er auf sehr wilde Art und Weise nach weiteren Leckerchen suchen könnte, obwohl er bereits alle genascht hat.

Materialliste

Gewählte Holzart: Bastelplatte, Hartholz gehobelt

1 x Holzplatte 250 x 250 x 18 mm

1 x Holzplatte 250 x 250 x 18 mm

1 x Holzplatte 250 x 250 x 5 mm

1 x Rundstab Ø 20 x 700 mm

9 x Holzschrauben Kreuzschlitz Senkkopf 30 x 2,5 mm

4 x Holzschrauben Kreuzschlitz Senkkopf 40 x 2,5 mm

2 x Bolzen (z.B. Schrankboden-Bolzen)

70 mm Schnur (Baumwolle) ca. 5 mm Ø

Schatulle

Benötigte Werkzeuge:

Lineal
Bleistift
Anschlagwinkel
Fuchsschwanz oder Japansäge
1 x Schleifpapier 180er Körnung
Kreuzschlitzschraubendreher
Bohrmaschine
1,5; 2; 5 mm Bohrer

Schritt 1

Alle Zuschnitte zuschneiden und entgraten.

Schritt 2

Nehmen Sie die beiden Seitenteile und den Deckel und klemmen Sie diese so fest, dass ein U entsteht. Dabei ist es wichtig, dass die Kanten deckungsgleich sind, um keine Überstände zu haben.

Messen Sie von einem Ende 20 mm und von der Oberkante 5 mm an. Zeichnen Sie sehr genau die Bohrlöcher an den gegenüberliegenden Seiten ein. Dies ist besonders wichtig, um einen leicht beweglichen Deckel herstellen zu können.

Bohren Sie mit dem 5 mm Bohrer jeweils 20 mm tief an den gegenüberliegenden Seiten. Lösen Sie die Verbindung.

Schritt 3

Nehmen Sie die beiden Platten (60 x 20 x 10 mm) und platzieren Sie diese wie folgt: Eine Platte klemmen Sie deckungsgleich an der Front und die zweite Platte im Abstand von 40 mm zum Ende (s. Bild) fest. Nun zeichnen Sie die Bohrlöcher mittig für die Verschraubungen ein. Bohren Sie anschließend mit dem 1,5 mm Bohrer (mit 5 mm absenken) an den Markierungen ca. 25 mm tiefe Löcher. Lösen Sie alle Verbindungen.

40 mm Abstand von hinterem Steg bis zum Ende

Nehmen Sie die Bolzen und führen diese in die für den Kippmechanismus gebohrten Löcher ein. Nehmen Sie die Seitenteile und führen diese an die Bolzen. Fügen Sie die Front- und Rückpartie ein und verschrauben alles miteinander. Achten Sie beim Verschrauben auf Leichtgängigkeit des Deckels. Wenn alles verschraubt ist, wird noch das Loch für die Schnur mit dem 5mm Bohrer gebohrt und die Schnur geknotet. Das Loch sollte mittig und so gebohrt werden, dass der Knoten auf der Frontpartie aufliegt, um Geräusche beim Zufallen zu vermeiden.

Hier nur ein Beispiel! Die Bodenplatte wird erst zum Schluß angeschraubt.

Schritt 4

Nehmen Sie nun die Bodenplatte und verschrauben Sie die Schatulle mittig darauf.

Schublade

Materialliste:

Gewählte Holzart: Bastelplatten, Hartholz, gehobelt

1 x Holzplatte 150 x 150 x 5 mm (Grundplatte)

2 x Holzplatten 100 x 27 x 10 mm (Seitenteile Gehäuse)

1 x Holzplatte 75 x 27 x 10 mm (Endstück Gehäuse)

1 x Holzplatte 95 x 100 x 5 mm (Deckel Gehäuse)

2 x Holzplatten 70 x 20 x 10 mm (Seitenteile Lade)

2 x Holzplatte 50 x 20 x 10 mm (Kopf- und Fußteil Lade)

1 x Holzplatte 70 x 50 x 5 mm (Boden Lade)

12 Holzschrauben Kreuzschlitz Senkkopf 25 x 2 mm

70 mm Schnur (Baumwolle) ca. 5 mm Ø

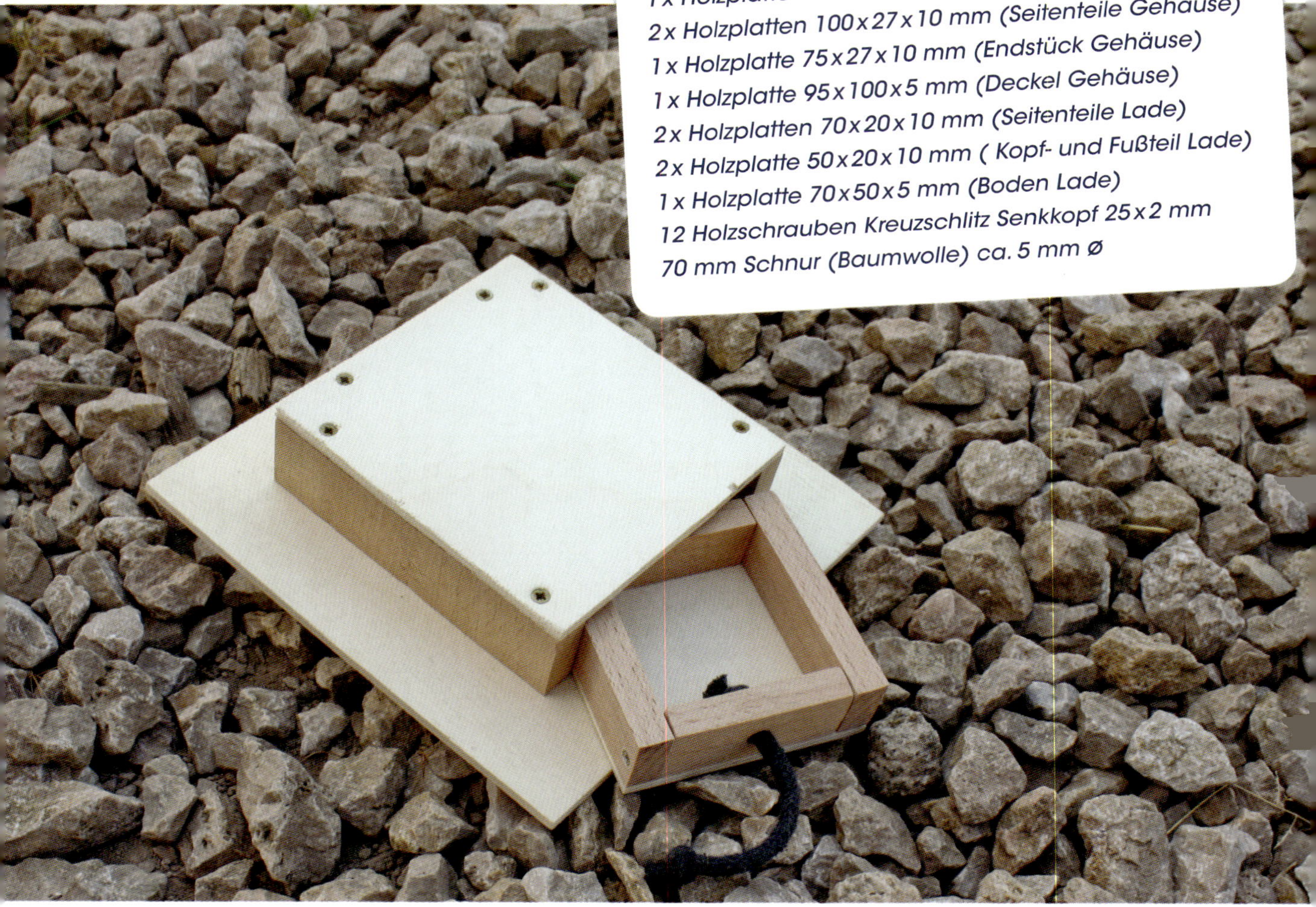

Schritt 1

Alle Zuschnitte entsprechend den Bemaßungen zuschneiden und entgraten.

Schritt 2

Herstellung der Schublade:

Die exakt ausgeschnittene Bodenplatte verwenden Sie als Vorlage für die Verschraubung der Seiten-, Rück- und Vorderteile. Legen Sie diese exakt an den Außenseiten an und verschrauben Sie mit der Bodenplatte, nachdem Sie alle Verschraubungen vorgebohrt haben. Dadurch erhalten Sie die Schublade. Entgraten Sie das Bauteil sorgfältig.

Bohren Sie ein 5 mm Loch genau in der Mitte des Vorderteils und führen Sie die Schnur hindurch, bevor Sie alles miteinander verknoten.

Die Schublade ist damit fertiggestellt.

Herstellung des Gehäuses für die Schublade:

Verfahren Sie für das Gehäuse genauso wie beim Bau der Schublade.

Schritt 3

Nun fügen Sie die Schublade und das Gehäuse zusammen. Prüfen Sie die Leichtgängigkeit der Schublade. Gegebenenfalls ölen Sie die Laufflächen oder schleifen entsprechend nach.

Lineal
Bleistift
Anschlagwinkel
Fuchsschwanz oder Japansäge
1 x Schleifpapier 180er Körnung
Kreuzschlitzschraubendreher
Bohrmaschine
1,5; 2; 5 mm Bohrer

 **Tresor** 😃 😃

Materialliste

Gewählte Holzart: Bastelplatte, Hartholz, gehobelt

2 x Holzplatten 70 x 20 x 10 mm (Seitenteile Schublade)

2 x Holzplatten 40 x 20 x 10 mm (Kopf- /Fußteil Schublade)

1 x Holzplatte 60 x 70 x 5 mm (Boden Schublade)

2 x Holzplatten 100 x 35 x 10 mm (Seitenteile Gehäuse)

2 x Holzplatten 60 x 35 x 10 mm (Kopf- und Fußteil Gehäuse)

1 x Holzplatte 150 x 150 x 5 mm (Grundplatte Gehäuse)

1 x Holzplatte 100 x 80 x 5 mm (Deckel Gehäuse)

20 x Holzschrauben Kreuzschlitz Senkkopf 25 x 2 mm

2 x 70 mm Schnur (Baumwolle) ca. 5 mm Ø

eventuell ca. 25 mm Klavier- oder Gewebeband

Schritt 1

Alle Zuschnitte entsprechend den Bemaßungen zuschneiden und entgraten.

Schritt 2

Herstellung der Schublade:

Nehmen Sie die beiden Seitenteile sowie das Vorder-
und Hinterteil und bilden damit ein rechtwinkliges Viereck. Fixieren Sie das Bauteil mit den Schraubzwingen.
Bohren Sie jeweils zwei Löcher mit dem 1,5 mm Bohrer
in die Seitenteile, um die Vorder- bzw. Hinterseite verschrauben zu können.

Nun senken Sie alles mit dem 5 mm Bohrer ab. Der Abstand zur Unter- und Oberkante sollte 10 mm betragen.
Von der Außenseite sollten es 5 mm sein, um genau
mittig in der Wandstärke verschrauben zu können.
Anschließend legen Sie die Boden unter das Viereck
und verschrauben diese in gleicher Weise mit insgesamt vier Schrauben oder kleinen Nägeln. Schleifen
Sie die gesamte Schublade ab, um keine Grate zu haben. Bohren Sie ein 5 mm Loch für die Schnur genau
in der Mitte des Vorderteils und führen Sie die Schnur
hindurch, bevor Sie alles miteinander verknoten.
Die Schublade ist damit fertiggestellt.

Herstellung des Gehäuses mit Klappe:

Wenn Sie die Klappe beweglich gestalten möchten,
verfahren Sie wie folgt: Nehmen Sie das Unterteil und
die Klappe und legen Sie diese mit der Seite zusammen, die nachher die Verbindung ergibt. Dort zeichnen Sie jeweils eine Parallele zur Kante im Abstand von
10 mm an. Feilen Sie mit einer Holzraspel so viel Material
ab, dass eine Kante entsteht, auf der das Klavier- oder
Gewebeband aufgelegt wird. Je nach Verwendung ist
es sinnvoll, unterschiedlich tief zu raspeln, um eine glat-
te Oberfläche zu erhalten, auf der die Schublade gut
gleiten kann.

Benötigte Werkzeuge:

Lineal
Bleistift
Anschlagwinkel
Fuchsschwanz oder Japansäge
1 x Schleifpapier 180er Körnung
Kreuzschlitzschraubendreher
Bohrmaschine
1,5; 2; 5 mm Bohrer
Schraubzwingen

Schritt 3

Nehmen Sie die beiden Seitenteile und das hintere Teil und bilden damit eine U-Form mit rechten Winkeln. Fixieren Sie mit einer Schraubzwinge. Zeichnen Sie die Bohrlöcher für die Verschraubungen an. Von der Ober- bzw. Unterkante sollte das ein Abstand von 10 mm und von der jeweiligen Außenkante einer von 5 mm sein. Verschrauben Sie das Gehäuse, nachdem Sie die Löcher in 1,5 mm vorgebohrt und mit dem 5 mm Bohrer abgesenkt haben.

Befestigen Sie das Klavier-/Gewebeband in den Nuten. Achten Sie dabei auf Parallelität, damit die Klappe gut zu öffnen ist. Bohren Sie in der Mitte ein Loch und befestigen Sie die Schnur.

Eine weitere Möglichkeit ist es, die Klappe »einzuklemmen«, d.h. durch passgenaues Arbeiten wird eine Klemmwirkung erzielt, die verhindert, dass das Vorderteil (Klappe) ohne Zutun herausfällt.

Die Bodenplatte sollte bei dieser Art der Herstellung entsprechend geändert werden. Insofern, dass diese die gleiche Dicke wie die Klappe haben muss, damit man die Klappe auch aufklappen kann. Außerdem muß die Bodenklappe daher mit der Vorderkante des Tresors abschießen.

Schritt 4

Anschließend legen Sie das Unterteil (das mit der Klappe) auf, richten es rechtwinklig aus und verschrauben dies in gleicher Weise wie zuvor. Verfahren Sie mit dem oberen Teil in gleicher Weise.

Das Oberteil muss so gestaltet sein, dass die Klappe dort »geklemmt« wird, um nicht von alleine heraus fallen zu können. Bohren Sie mittig in die Klappe ein Loch für die Befestigung der Schnur.

Prüfen Sie nach Fertigstellung, ob alle Teile leichtgängig sind, schleifen sie die Unebenheiten mit Schleifpapier ab und ölen Sie gegebenenfalls die Laufflächen mit einem Lebensmittelöl ein.

Leckerli-Wippe

Materialliste

Gewählte Holzart: Kiefer, gehobelt

1 x Grundplatte 300 x 300 x 18 mm

2 x Stützen 165 x 45 x 18 mm

1 x Quertraverse 300 x 45 x 18 mm

1 x Rundstab L = 300 mm ø 15 mm

1 x runde Dose Stapelchips

(aus dem Lebensmittelhandel)

6 x Holzschrauben Senkkopf 30 x 2,5 mm

Benötigte Werkzeuge:

Lineal
Schneidermaßband (flexibel)
Bleistift
Anschlagwinkel
Bohrmaschine
Holzbohrer 25;15 mm
Kreissäge (wenn vorhanden)
Fuchsschwanz oder Japansäge
1 x Schleifpapier 180er Körnung
Schraubendreher
Nagelschere

Beispiel zur Bohrung in den Stützen für die Befestigung an der Grundplatte.

Schritt 1

Alle Holzzuschnitte entsprechend den Maßangaben zuschneiden.

Schritt 2

Für die Bohrungen in den Stützen messen Sie 100 mm von einer Seite ab und machen dort mittels Bleistift eine Markierung.

Ermitteln Sie die Mitte der Stütze, indem Sie von einer Seite 22,5 mm abmessen und markieren diesen Punkt ebenfalls. Der entstandene Schnittpunkt ist der Punkt, an dem die Bohrung erfolgt.

Bei der zweiten Stütze verfahren Sie ebenso. An den Schnittpunkten bohren Sie jeweils ein Loch mit dem 15 mm Bohrer.

Um die Befestigung auf der Grundplatte vorzubohren, mitteln Sie den Fuß in gleicher Weise.

Der Abstand zu den Außenkanten sollte überall 9 mm betragen. An den ermittelten Schnittpunkten bohren Sie jeweils mit dem 2,5 mm Bohrer ca. 20 mm tiefe Löcher.

Schritt 3

Die Bohrungen auf der Grundplatte werden in ähnlicher Weise ausgeführt.

Mitteln Sie die Platte an zwei gegenüberliegenden Seiten. Damit erhalten Sie den Mittelpunkt für die Stützen. Messen Sie von dort jeweils 13,5 mm ab und setzen eine Markierung.

Der Abstand von der Außenkante beträgt 9 mm, wie bei den Stützen. Dort markieren Sie ebenfalls.

An den Schnittpunkten bohren Sie je ein Loch (zusammen je Stütze 2 Bohrungen) mit einem Durchmesser von 2,5 mm komplett durch.

Anschließend senken Sie die Bohrlöcher von einer Seite mittels eines 5 mm Bohrers so weit ab, dass die Senkkopfschrauben zur Gänze ins Holz versinken und keine scharfen Kanten hinterlassen.

Schritt 4

Die Querstrebe versehen Sie ebenfalls mit je einer Bohrung an der Kopfseite, die 9 mm von der Kopfseite entfernt und möglichst mittig durchgeführt werden sollte. Senken Sie die 2 Löcher ebenfalls mittels des 5 mm Bohrers ab.

Schritt 5

Um die Bohrung für den Rundstab zu erstellen, teilen Sie die gesamte Länge der Dose durch zwei und markieren diesen Punkt mit einem Kreuz. Das ist der erste Bohrpunkt.

Um den gegenüberliegenden Bohrpunkt festzulegen, messen Sie mit einem Schneidermaßband den gesamten Umfang der Dose und teilen den Wert durch zwei. Messen Sie ab und markieren Sie. Anschließend ermitteln und markieren Sie nochmals die halbe Gesamtlänge. Somit sind zwei Bohrpunkte ermittelt, welche sich genau gegenüber liegen und den »Wipppunkt« ergeben. An den Kreuzpunkten können Sie nun ganz vorsichtig mit dem 15 mm Bohrer Löcher bohren. Stecken Sie anschließend den Rundstab durch das Loch und die beiden Stützen, welche Sie leicht auf der Grundplatte fixieren sollten. Jetzt können Sie erkennen, an

Mittige Bohrung der Querstrebe

welchem Punkt die Wippe auf der Grundplatte aufsetzt. Dort markieren Sie mit dem Bleistift den tiefsten Punkt, um anschließend an dieser Stelle ein Loch zu bohren. Seien Sie sehr vorsichtig, da in der Regel die Dosen aus aluminiumbeschichtetem Papier bestehen. Der ausgeübte Druck beim Bohren sollte dementsprechend gering sein, um die Dose nicht zu deformieren. Gegebenenfalls müssen Sie die Bohrung mit der Nagelschere etwas vergrößern, je nachdem welche Größe die Kekse haben, die Sie verwenden möchten.

Um zu erreichen, dass die Wippe immer wieder nach hinten kippt, sodass keine weiteren Leckerlis herausfallen und der Hund die Wippe daher immer wieder anstoßen muss, wird an der gegenüberliegenden Seite ein Gegengewicht angebracht. Dies sollte z.B. aus Wachs bestehen, das leicht zu schmelzen ist und somit gut angebracht werden kann. Als Abdeckung sollte ein entsprechend dem Dosendurchmesser angepasstes rundes Stück Papier dienen oder ein Wattepad, welches verhindert, dass die Leckerlis mit dem Wachs in Kontakt kommen. Die Menge ist abhängig von der Länge der Rolle und der Befüllmenge mit Leckerlis. Dies ist bei der Herstellung des Spielzeuges zu ermitteln.

Schritt 6

Anschließend führen Sie den Stab wieder durch die Bohrung und die Stützen. Verschrauben Sie die Stützen mit der Grundplatte. Anschließend verschrauben Sie die Quertraverse mit den Stützen. Nehmen Sie den Deckel der Chipsdose ab und befüllen Sie die Dose mit Leckerlis. Bei dem nun folgenden Test erfahren Sie schnell, ob die Öffnung für die Leckerlis groß genug ist. Gegebenenfalls können Sie die Öffnung anpassen. Falls diese bereits viel zu groß ist – viel Spaß beim Chips essen!

Wirbelwind

Materialliste

Gewählte Holzart: Kiefer unbehandelt, gehobelt

1x Holzplatte 250 x 1000 x 18 mm

1x Holzplatte 250 x 250 x 5 mm

1x Gewindestange oder Schraube 80 mm, M10

2x Muttern M10 (selbstsichernd)

3-5 Unterlegscheiben M10
(Anzahl je nach Anzahl der gewählten Ebenen)

4x Holzschrauben Kreuzschlitz Senkkopf 25 x 2 mm

Benötigte Werkzeuge:

Lineal
Bleistift
Winkelanschlag
Zirkel
Stichsäge
Kronenbohrer (mit diversen Aufsätzen)
1 x Schleifpapier 240 er Körnung
Bohrmaschine
10 mm Bohrer

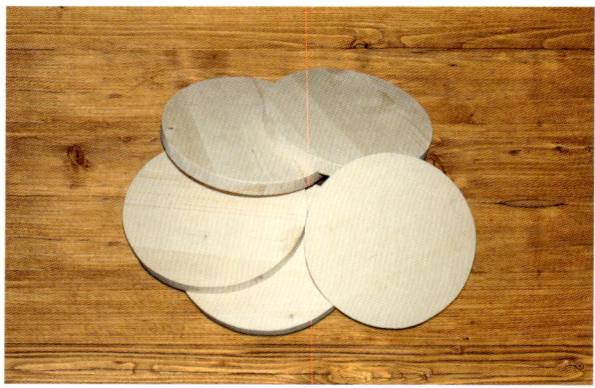

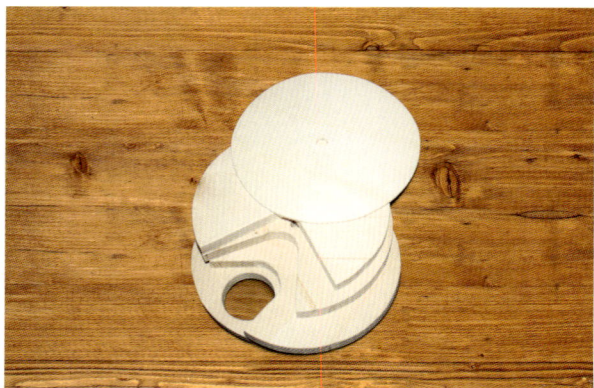

Gewindestangen gibt es als Meterware. Sollten Sie sich ein genaues Absägen der Gewindestange nicht zutrauen, können Sie diese auch im Baumarkt direkt auf die passende Länge schneiden lassen.

Schritt 1

Da ein Brett mit dem Format 25 x 100 cm gewählt wurde, müssen entsprechende Kreise auf das Brett gezeichnet werden, die dann mit einer Stichsäge ausgeschnitten werden.

Bringen Sie an der Längsseite im Abstand von 25 cm jeweils mit dem Bleistift eine Markierung an. Mit dem Winkelanschlag zeichnen Sie einen rechten Winkel zur Längsseite. Dies sind die Segmente als Umriss, in denen die Kreise gezogen werden.

Zeichnen Sie die Diagonalen in jedem Rechteck ein.

Jetzt haben Sie die Mittelpunkte der Kreise ermittelt. Dort setzen Sie die Spitze des Zirkels und zeichnen einen Kreis mit einem Durchmesser von 25 cm.

Die jeweiligen Kreise sollten jetzt genau in das Rechteck passen.

Nun können Sie die Kreise ausschneiden.

Schleifen Sie alle Schnittkanten sorgfältig ab.

Schritt 2

Da der unterste Kreis als Aufnahme für die Leckerlis fungiert, muss dort kein Ausschnitt, sondern eine Bohrung mit mindestens 50 mm Durchmesser hergestellt werden. Dazu benutzen Sie einen Kronenbohrer (s. S. 103), den Sie ca. 10 mm vom Rand ansetzen und bohren ein Loch.

Entgraten Sie dieses ebenfalls sorgfältig.

Als Unterteil und als Schutz gegen das Durchfallen der Leckerlis die Holzplatte mit der Stärke von 5 mm anschließend aufschrauben und eventuell vorhandene Grate entfernen.

Dies sollte aber erst ausgeführt werden, wenn Sie die Scheibe als Marker für die anderen Scheiben genutzt haben. Dazu legen Sie die Scheibe mit dem Loch passgenau auf die anderen Scheiben und zeichnen das gebohrte Loch nach. Anhand dieser Markierung können Sie nun festlegen, wie groß der Ausschnitt bei den anderen Scheiben werden soll. Beachten Sie dabei, dass die Ausschnitte größer werden sollten, je weiter diese von der Grundplatte entfernt sind, um dem Hund zu ermöglichen, an das Leckerli zu gelangen. Wenn Sie alle Ausschnitte gleich groß gestalten würden, könnte es sein, dass es Ihrem Hund unmöglich ist, an die Leckerlis zu gelangen. Dies ist natürlich von der Größe Ihres Hundes abhängig.

Entgraten Sie alle Schnittkanten sorgfältig.

Schritt 3

Nehmen Sie nun alle hergestellten Kreise und ordnen Sie diese so übereinander an, wie sie später liegen sollen und fixieren Sie das Ganze.

Bohren Sie nun mit dem 10 mm Bohrer exakt in dem Mittelpunkt ein Loch durch alle Scheiben und die Bodenplatte.

Lösen Sie die Fixierung und nehmen die Gewindestange, an deren einem Ende Sie bereits eine selbstsichernde Mutter angeschraubt haben.

Verschrauben Sie die Grundplatte mit der ersten Ebene. Damit eine Standsicherheit erreicht wird, schrauben Sie

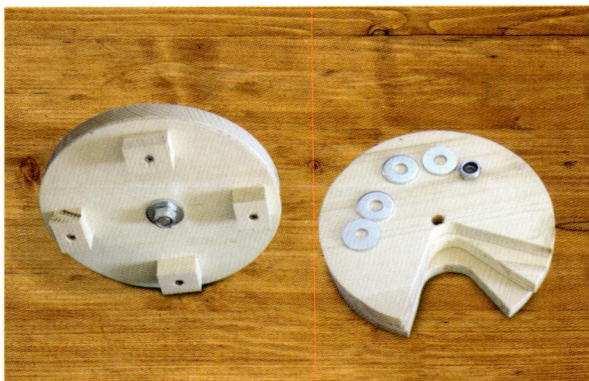

vier Klötzchen (Vorbohren nicht vergessen) auf die Unterseite der Grundplatte. Diese sollten mindestens die gleiche Höhe haben wie die herausschauende, selbstsichernde Mutter, um ein Kippeln zu vermeiden.

Schritt 4

Führen Sie die Gewindestange, auf der bereits die Mutter angeschraubt und eine Unterlegscheibe aufgelegt wurde, durch die unterste Ebene. Legen Sie nun eine Unterlegscheibe auf, bevor Sie die nächste Ebene auflegen. Unter Beachtung der Reihenfolge verfahren Sie bei den nächsten Ebenen ebenso. Nachdem Sie die Gewindestange abgesägt haben, können Sie die Mutter oben aufschrauben. Beachten Sie dabei, dass die Gewindestange so lang ist, dass der Teil, durch den die Mutter gesichert wird, auf der Gewindestange ist. Denn erst dann erfolgt der Effekt der Selbstsicherung.

Schritt 5

Überprüfen Sie jetzt, ob alle Ebenen leichtgängig sind und sich leicht drehen lassen.

Falls dies nicht der Fall sein sollte, schleifen Sie das Bohrloch nochmal etwas nach, lösen die Mutter ein wenig oder prüfen, ob die Ebenen richtig übereinander liegen.

Materialliste

Gewählte Holzart: Kiefer unbehandelt, gehobelt
1 x Holzplatte 400 x 400 x 20 mm (Bodenplatte)
2 x Holzplatten 200 x 400 x 20 mm (Seitenteile)
2 x Holzplatten 100 x 100 x 20 mm
(Scheiben zur Aufnahme des PVC-Rohres)
1 x Holzstab Ø =16 mm; ca. 400 mm lang (Welle)
PVC Rohr Ø =110 mm; ca. 350 mm lang
8 x Holzschrauben 45 x 3 mm
8 x Holzschrauben 25 x 2 mm

Benötigte Werkzeuge:

Lineal
Bleistift
Winkelanschlag
Zirkel
Stichsäge
Kronenbohrer 100 mm (s.S. 103)
1 x Schleifpapier 240er Körnung
Stichsäge
Bohrmaschine
1,5 ; 18 mm Holzbohrer
Kreuzschlitzschraubendreher

Schritt 1

Die zugeschnittene Grundplatte und die Seitenteile sorgfältig entgraten.

Auf die Grundplatte im Abstand von 10 mm eine parallele Linie zu den beiden Grundlinien ziehen. Von den vier Außenkanten jeweils im Abstand von 20 mm eine Markierung in der Mitte des Brettes setzen. Dort werden mit dem 1,5 mm Bohrer Löcher gebohrt, durch die dann das Seitenteil verschraubt wird.

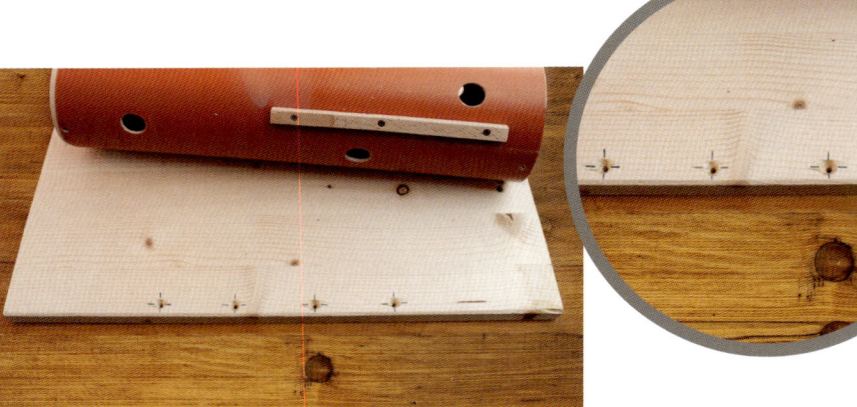

Schritt 2

Um Verletzungen des Hundes zu vermeiden, sollten die beiden Seitenteile an der Oberseite mit einem Bogen versehen werden. Dazu schlagen Sie mit dem Zirkel einen Halbkreis und sägen diesen mit der Stichsäge nach. Anschließend entgraten Sie mit dem Schleifpapier.

Für die Aufnahme der Welle müssen an den beiden Seitenteilen entsprechende Löcher gebohrt werden. Diese sollten sehr exakt ausgeführt werden, sodass der Rundstab stramm geführt wird. Dadurch wird erreicht, dass keine weitere Fixierung der Welle benötigt wird und die-

se nicht in Längsrichtung wandern kann. Dabei ist die Höhe zur Grundplatte ebenso wichtig wie die Größe Ihres Hundes. Die Trommel sollte so weit von der Grundplatte entfernt sein, dass Ihr Hund die herausfallenden Leckerlis leicht aufnehmen kann. Als Faustregel können hier ca. 15 cm angenommen werden. Daraus resultiert die Höhe des Bohrloches von 15 cm plus den halben Durchmesser des verwendeten Rohres. In diesem Fall sind das somit 25 cm. Unter Verwendung des 18 mm Holzbohrers fertigen Sie die beiden Bohrlöcher für die Aufnahme der Wellen an.

Schritt 3

Zur Herstellung der Scheiben, die als Befestigung in dem PVC-Rohr dienen sollen, nehmen Sie die beiden Holzplatten mit dem Format 10 x 10 x 2 cm und zeichnen mit dem Zirkel Kreise auf, nachdem Sie den Innendurchmesser des PVC-Rohres gemessen haben.

Nun bohren Sie exakt im Mittelpunkt der Platten ein 18 mm Loch für die Aufnahme der Welle. Diese Bohrlöcher müssen etwas geweitet werden, damit die Welle leicht darauf laufen kann. Schneiden Sie die gezeichneten Kreise exakt aus und entfernen Sie vorhandene Holzspäne. Legen Sie die Holzscheiben nun in das PVC-Rohr und bohren Sie mit dem 1,5 mm Bohrer vier Löcher im Abstand von 10 mm zur Außenkante um das PVC-Rohr.

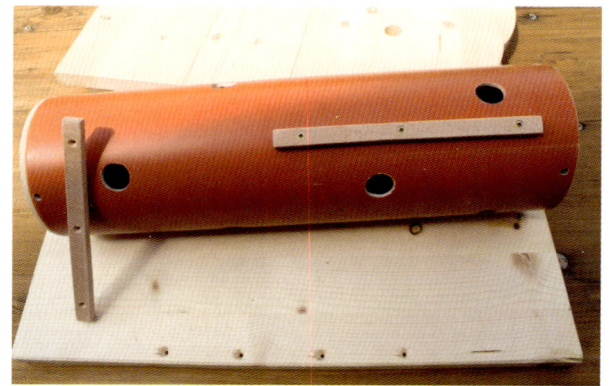

Schritt 4

Bohren Sie mit dem 20 mm Bohrer ganz nach Ihrer Vorstellung in ungleichen Abständen Löcher in das PVC-Rohr, aus denen später die Leckerlis fallen sollen. Bedenken Sie, dass die Anzahl der Löcher für die Spieldauer ausschlaggebend ist, daher sollten nicht zu viele, aber auch nicht zu wenige vorhanden sein.

Der Durchmesser der Löcher ist zudem auch frei wählbar, je nach Größe der verwendeten Leckerlis. Zur leichteren Befüllung sollte jedoch ein größeres Loch gebohrt werden.

Um dem Hund das Drehen zu erleichtern, verschrauben Sie kleine Leisten im Format von ca. 100 x 10 x 10 mm in freier Auswahl (nicht über die Austrittslöcher) auf dem PVC-Rohr. Ein Versatz von ca. 90 Grad ist ausreichend.

Schritt 5

Nun können Sie alle Bauteile passgenau miteinander verschrauben. Prüfen Sie anschließend, ob sich die Welle leicht dreht und stramm genug in den Seitenteilen sitzt, um ein Verrutschen auszuschließen.

OUTDOOR

Hinweise und Informationen zum Kapitel »Outoor«

Allgemeines

Bei allen in diesem Kapitel beschriebenen Outdoor-Projekten haben wir auf einfache Herstellung und leicht erhältliche Materialien geachtet. Je nach Schwierigkeitsgrad werden manchmal jedoch spezielle Werkzeuge bzw. Maschinen benötigt und etwas Heimwerker-Grundwissen vorausgesetzt. Dies ist jeweils zu jedem Projekt angegeben.

Was Größe, Form, Beschaffenheit, Maße und Ausführung der Hürden oder Hindernisse angeht, werden keinerlei Standards oder Vorgaben von Agility-Verbänden eingehalten. Die beschriebenen Hindernisse dienen lediglich dem privaten Gebrauch. Wer ernsthafter in den Agility-Sport einsteigen möchte, sollte dies am besten unter Anleitung in einem Hundesportverein tun.

Bei allen Holzprojekten ist wichtig, dass sämtliche Schnittkanten entgratet werden und die Länge der verwendeten Schrauben so bemessen wird, dass die Spitzen nicht auf der anderen Seite des Holzes hervorschauen und eine Verletzungsgefahr darstellt. Die Schraubenköpfe sollten außerdem immer versenkt werden.

Hochsprung-Hindernis

Materialliste

2x Kantholz 40 x 40 x 1200 mm

1x Kantholz/Dachlatte (für die Auflagen) in max. Breite der Kantholz für die Ständer

12x Kreuzschlitzschrauben (für Auflagen/Bodenkeile)

Benötigte Werkzeuge:

Lineal
Bleistift
Anschlagwinkel
Fuchsschwanz oder Kreissäge
1 x Schleifpapier 180er Körnung
Kreuzschlitzschraubendreher
Bohrmaschine
1,5; 2; 5 mm, Bohrer

Als Pfosten wurden hier zwei Kanthölzer im Format 40 x 40 mm gewählt. Die Länge beträgt ca. 1200 mm.

An der unteren Seite, also diejenige, die in das Erdreich gedrückt wird, ist eine Spitze mit der Kreissäge zu schneiden. Die Ausführung sollte sehr flach sein (ca. 300 mm), um ein relativ einfaches Eindringen in das Erdreich zu ermöglichen. Auch die Verwendung von Erdspießen ist möglich, der Vorteil von diesen ist der, dass es leichter ist, die Pfosten ins Erdreich zu drücken.

Beim späteren Eindrücken der Pfosten ist die Weite zueinander nicht definiert. Achten Sie daher darauf, dass der Abstand mittels der Abwurfstange eingehalten wird.

Die Pfosten sollten nicht zu weit voneinander entfernt stehen, so dass die Abwurfstange von selbst fällt, aber auch nicht zu nah, damit die Abwurfstange nicht eingeklemmt wird.

Fertigen Sie nun die Auflagen für die Abwurfstange an. Die Aufnahme sollte max. die Breite des Pfostens haben, in diesem Fall sind das also 40 mm bei einer Höhe von ebenfalls 40 mm. Auf den Oberseiten werden nun Absenkungen hergestellt, sodass ein lang gezogenes »V« entsteht. Da dort die Abwurfstange aufgelegt wird, muss gewährleistet sein, dass die Abwurfstange nicht von selber fällt, aber auch nicht so schwergängig ist, dass der Hund sich daran verletzen kann. Da hier insgesamt vier verschiedenen Höheneinstellungen erreicht werden soll, müssen acht Stücke dieser Auflagen hergestellt und zugeschnitten werden.

Legen Sie die Pfosten exakt nebeneinander und schrauben die Aufnahmen auf gleicher Höhe an. Da das erste Hindernis in einer Höhe von 300 mm über der Erde sein soll, müssen Sie den Teil, der ins Erdreich gedrückt wird, hinzurechnen. Erfahrungsgemäß kann man je nach Beschaffenheit des Erdreiches von einer Eindringtiefe von 200 mm ausgehen. Daraus resultiert die Befestigungshöhe, die von der Spitze des Pfostens aus gemessen

500 mm beträgt. Die weiteren Aufnahmen befestigen Sie dann in jeweils 100 mm-Schritten an den Pfosten.

Da es sich hier um Geräte für den Außenbereich handelt, muss ein Wetterschutz erfolgen. Dies kann ein Lack oder eine Lasur sein. Wichtig ist, dass alle Späne und Graten vor dem Lackieren entfernt werden, um die Verletzungsgefahr zu minimieren.

Als Abwurfstange wird eine Bambusstange verwendet, die in jedem Gartencenter erhältlich ist. Meist werden diese in der Länge von 200 cm oder mehr angeboten. Sägen Sie sie entsprechend ab und verwenden Sie das Reststück zum Beispiel für eine Slalomstange.

Ein Auftragen von Farbe ist eigentlich nicht nötig, sollte aber dennoch vorgenommen werden, um das Hindernis für den Hund besser sichtbar zu machen.

Hinweis

Da Hunde rot-grün blind sind, sehen sie rote Hindernisstangen vor grünem Rasen schlecht. Blau oder gelb sind als Anstrich besser geeignet.

Weitsprung

Für dieses Hindernis werden drei einzelne Hindernisse gefertigt, die in der Höhe ansteigen und in der Länge des Sprunges frei variierbar sind Zudem wurde darauf geachtet, dass die Teile ineinander stapelbar sind, um bei der Lagerung Platz zu sparen.

Unverzichtbar für die Herstellung ist eine Kreissäge mit Winkelanschlag, um die Querbretter auf Gehrung schneiden zu können.

Der Neigungswinkel der Hürden beträgt 30°.

Wieder benötigen Sie unbehandelte Fichtenholzbretter (Breite 180 mm, Dicke 20 mm).

Die niedrigste Hürde ist 115 cm breit und an der oberen Seite 20 cm hoch. Die zweite Hürde ist 120 cm breit und an der höchsten Stelle 25 cm hoch. Das dritte und letzte Element ist bei einer Höhe von 30 cm 125 cm breit.

Schneiden Sie das erste Brett auf eine Länge von 115 cm zu. Da der Neigungswinkel 30° beträgt, müssen Sie die Längsseiten nun mit Hilfe der zuvor entsprechend eingestellten Kreissäge auf diese Gehrung schneiden. Die beiden Füße werden aus dem gleichen Holz auf Breite und Länge geschnitten. Verschrauben Sie die drei Teile miteinander, sodass Sie ein großes »U« erhalten. Verfahren Sie bei den folgenden Elementen entsprechend, achten Sie aber darauf, dass sich die Maße mit jeder Hürde um 5 cm erhöhen.

Anschließend probieren Sie das Ganze aus und lackieren es wetterfest.

Benötigte Werkzeuge

Lineal
Bleistift
Anschlagwinkel
Stichsäge
Kreissäge
1 x Schleifpapier 180er Körnung
Kreuzschlitzschraubendreher
Bohrmaschine
1,5; 2; 5 mm Bohrer

Achten Sie am Anfang besonders darauf, Ihren Hund nicht zu überfordern. Fangen Sie klein und kurz an, unter Umständen sogar nur mit dem kleinsten Element. Steigern Sie langsam Höhe und Weite. Für kleine Hunde ist die Höhe entsprechend zu verkleinern, damit auch unsere kleinen Freunde Spaß haben können.

In der Regel sind drei Elemente durchaus ausreichend, da es möglich ist, den Abstand zu verlängern, indem man die Hindernisse weiter auseinander stellt. Auch die Höhe von max. 30 cm ist dadurch ausreichend.

Materialliste ⚽

Beliebig viele Bambusstäbe
Länge 100 cm bis 120 cm

Slalom

Wie bereits beim Hochsprung werden auch hier Bambusstangen als Slalomstangen verwendet. Kaufen Sie in einem Gartencenter eine entsprechende Anzahl von Stangen und schneiden oder halbieren Sie diese, so dass eine Stange eine Länge von ca. 100 bis 120 cm hat.

Aus der Anzahl der gekauften und halbierten Bambusstangen ergibt sich die Anzahl der Slalomstangen. Für ein effektives Erlebnis sollten dennoch mindestens 12 Slalomstangen aufgestellt werden. Im Normalfall können Sie die Slalomstangen im Abstand von 50 – 65 cm in das Erdreich eindrücken. Dabei sollte in eingestecktem Zustand eine Höhe von ca. 80 cm nicht unterschreiten. Dies dient der besseren Wahrnehmung und zur Vermeidung von Verletzungen. Zugleich können Sie bei den ersten Versuchen mit einem angeleinten Tier besser den Weg mit der Leine vorgeben und verheddern sich nicht mit der Stange.

Auch hier müssen die Slalomstangen mit einem Lack versehen werden.

Wippe

Materialliste

2 x Fichtenschalbretter Länge 250 cm
x Breite 18 cm x Dicke von 22 mm
Stütz-/ Verbindungsbrett
(z.B. Dachlatte gehobelt)
ca. Länge 36 cm x Breite 50 mm x Dicke 22 mm

Für die Wippe benötigen wir zwei Fichtenschalbretter mit einer Länge von 2,5 m, einer Breite von 0,18 m und einer Dicke von 22 mm.

Da die Bretter in der Regel nicht gehobelt sind, achten Sie bitte auf hervorstehende Holzspäne. Diese und eventuell andere verletzungsträchtige Unebenheiten müssen sorgfältig entfernt werden. Sie können natürlich auch gehobelte Bohlen verwenden, diese sind aber wesentlich teurer.

Legen Sie die Bretter parallel nebeneinander und zeichnen Sie genau die Mitte an. Dort befindet sich der Kipppunkt, auf dem sich die Wippe nachher bewegt.

Zur Fixierung des Wippbrettes schrauben Sie von der Mitte aus im Abstand von 10 mm jeweils ein Stütz-/ Verbindungsbrett an. Dieses sollte über die gesamte Breite des Wippbrettes gehen. In diesem Fall mit zwei Stücken à 0,18 m, also ergibt sich eine Gesamtlänge 0,36 m. Die Breite sollte, um Splitterungen zu vermeiden, bei mindestens 50 mm liegen, die Dicke bei nicht weniger als 22 mm.

Diese Verbindungsbretter finden auch zur weiteren Stabilität Verwendung. Jeweils am Ende des Wippbrettes und in der Mitte wird eines angebracht. Daher benötigen Sie insgesamt sechs Verbindungsbretter.

Wenn Sie die Wippe so gestalten möchten, dass immer eine Seite auf dem Boden liegt, schrauben Sie ein weiteres Verbindungsbrett an ein frei wählbares Ende.

Durch die unterschiedlichen Gewichte sinkt das Wippbrett daher auf dieser Seite zu Boden. Diese Seite sollte beim Spielen auch immer in die beabsichtigte Laufrichtung zeigen, damit der Hund die Wippe direkt betreten kann.
Falls dies nicht gewünscht sein sollte, lassen Sie das zusätzliche Brett einfach weg. Die Wippe sollte dann in der Waage sein.

Somit ist das Wippbrett fertig und muss nur noch wetterfest gestrichen werden. Um auch bei nassen Bedingungen eine Rutschfestigkeit zu erhalten, streuen Sie in die frisch aufgetragene Farbe Quarzsand auf die Oberseite des Wippbrettes.

Die Gestaltung der Aufnahme für das Wippbrett ist etwas aufwändiger.

Im Prinzip besteht der Körper aus zwei gleichschenkligen Dreiecken, die parallel zueinander im Abstand der Breite des Wippbrettes miteinander verbunden sind. In unserem Fall beträgt die Höhe des Dreieckskörpers 45 cm. Daraus ergeben sich die Maße für das rechtwinklige Dreieck wie folgt: Grundfläche 90 cm, Seitenteile jeweils 63,6 cm.
Wenn Sie die Wippe für einen kleineren oder größeren Hund höher oder niedriger bauen möchten, können Sie die Maße für das Dreieck nach dem Satz des Pythagoras ($a^2 + b^2 = c^2$) neu berechnen.
Als Holz wählen Sie ein unbehandeltes Fichtenholz (20 x 40 mm), da dies nach Fertigstellung noch lackiert werden muss.

Als Welle dient ein Buchenrundstab mit einem Durchmesser von 18 und einer Länge von 41 cm, dieser wird mit den beiden Dreieckskörpern verschraubt, da er nicht frei beweglich sein muss. Auf dem Bild ist zu erkennen, dass die Quertraversen nicht auf dem Boden aufliegen, sondern im Abstand von 10 cm zum Boden verschraubt sind. Dies gilt ebenso für die Querstützen des Dreiecks.

Nachdem Sie den Körper stabil verschraubt haben, können Sie diesen mit dem gewählten Lack anstreichen.

Hundehütte 😃😃😃

Für die Heimwerker-Profis

Die Hundehütte ist als Anregung für diejenigen unter Ihnen gedacht, die schon öfter an kleineren Projekten mit Holz gearbeitet haben. Ein genauer Schritt-für-Schritt Bauplan, mit dem auch Anfänger eine Hunde-hütte bauen können, hätte wegen der vielen nötigen kleinen Bauabschnitte und Bildstrecken den Rahmen dieses Buches gesprengt. Auch sind solide Heimwerker-Grundkenntnisse und entsprechende Werkzeuge Voraussetzung dafür, dass das Vorhaben zufriedenstellend gelingt. Die hier vorgestellte Hundehütte ist daher als Anregung und Idee für den Bau Ihres individuellen Hunde-Heims zu verstehen.

Sie ist für einen Hund mit einer Schulterhöhe von 55 cm ausgerichtet und kann durch Umrechnen der Maße auf größere bzw. kleinere Hunde angepasst werden.

Die Hundehütte ist auch deshalb ein Sonderfall in diesem Buch, weil hier auf Wetterbeständigkeit geachtet werden muss. Folglich wurden Materialien verwendet, die einen gewissen Schutz vor Umwelteinflüssen bieten, nämlich Siebdruckplatten und Holz, das mit einem entsprechenden Lack versiegelt werden muss. Diese Lacke sollten wasserlöslich sein, damit der Hund nicht gefährdet wird. Die Materialien müssen außerdem dick und schwer genug sein, um der Hütte eine gewisse Stabilität zu verleihen und zu vermeiden, dass sie vom Wind umgeweht wird.

Materialliste und Maße:

Siebdruckplatte : 70 x 100 cm (Bodenplatte)
Siebdruckplatten: 115 x 95 cm
und 115 x 95 cm +
Materialstärke der Platte (Dachflächen)
Feder/Nutbretter (Format: 110 mm breit,
12 mm stark)

Längen: Front + Rückseite = 6 x 750 mm + 2 x 550 mm + 2 x 350 mm + 2 x 150 mm
Seitenteile: = 10 x 950 mm

Konstruktionshölzer:

20 x 20 mm, diverse Längen, je nach Größe der Hütte und Anzahl stark variierend, daher hier nicht angegeben. Bei der Skizzierung müssen die entsprechenden Längen ermittelt werden.

Abdeckleisten: 10 x 40 mm für die Giebel
Dachschindeln aus Teerpappe:
entsprechend der m²-Fläche des Daches.

Lack/Lasur (Wetterfester Holzschutz für den Außenbereich.

ACHTUNG: Wetterfeste Außenfarben sind nicht ungiftig. Achten Sie deshalb darauf, dass Ihr Hund das Holz nicht annagt.

Schrauben: Diverse Stärken und Längen in Messing oder Edelstahl.

Benötigte Werkzeuge:

Lineal
Bleistift
Anschlagwinkel
Fuchsschwanz oder Japansäge
Stechbeitel
1 x Schleifpapier 180er Körnung
Holzfeile 4-Kant
Kreuzschlitzschraubendreher
Schlitzschraubendreher
Schraubzwingen
Bohrmaschine
1,5; 2; 5 mm Bohrer
Stichsäge (evtl. Handkreissäge)

Auch muss die Hütte so gestaltet sein, dass kein Wasser von unten herangelangen kann. Das kann mit Hartholzklötzen, Gummifüßen oder Pflastersteinen erreicht werden - wichtig ist nur, dass das Holz nicht in direktem Kontakt mit der Bodennässe ist.

Bei allen Arbeiten und Verschraubungen muss exakt auf die Einhaltung des 90° - Winkels geachtet werden, teilweise bei drei Richtungen.

Damit Sie lange Freude an Ihrer Hundehütte haben, sollten Sie diese jedes Frühjahr gründlich überprüfen, sofern sie draußen überwintert. Achten Sie besonders auf den Boden, der stark der Feuchtigkeit ausgesetzt ist. Faule Stellen im Holz müssen Sie ausbessern, ausschaben und mit Holzkitt versiegeln oder ganz austauschen. Auch ein neuer Anstrich kann fällig sein

Beginnen Sie mit dem Zuschnitt der Bodenplatte (70 x 100 cm), der späteren Liegefläche des Hundes. Schrauben Sie 5 cm von der Außenkante von unten die ausgesuchten »Füße« an.

Beim Bau der Front-/Rück- und Seitenteile aus Nut- und Feder-Brettern müssen Sie beachten, dass die Feder immer nach oben zeigt, damit kein Regenwasser in die Nut eindringen kann, sondern über die Feder abläuft.

Da die Front- und Rückseite mit einem Überstand von je 1 cm gefertigt werden, müssen die Bretter entsprechend in der Länge angepasst werden. Dies bedeutet eine maximale Länge der Bretter im unteren Bereich von 750 mm. Dabei ist eingerechnet, dass der Überstand zu den Seitenteilen jeweils 5 mm beträgt und auf jeder Seite noch eine Unterkonstruktionslatte (20 x 20 mm) befestigt wird. Bei der angegebenen Größe des Hundes werden daher 5 Nut-und Feder-Bretter auf eine Länge von 750 mm geschnitten.

Wenn der rechte Winkel zur Bodenplatte stimmt, können diese Bretter dann im Abstand von 17 mm zu den Außenkanten verschraubt werden. Der Abstand zur Unterkante der Nut-und-Feder-Bretter sollte dabei der Dicke der verwendeten Siebdruckplatte entsprechen und bei der Befestigung als Anschlag dienen. Anschließend werden die für den Giebel vorgesehenen und auf Gehrung geschnittenen Nut-und-Feder-Bretter aufgesetzt und bündig verschraubt. Die Anzahl ergibt sich aus der gewählten Dachneigung von 45° und beträgt in diesem Beispiel vier Bretter. Das Haus ist also neun Nut-und-Feder-Bretter hoch. Bei der Rückseite gehen Sie genauso vor.

Da ein Halbkreis noch darüber ausgeschnitten wird ergibt sich eine Gesamthöhe des Eingangs von ca. 530 mm. Die Breite des Eingangs sollte der Schulterhöhe des Hundes entsprechen, in unserem Fall sind das 350 mm.

An der Unterkante bleibt eine Einstiegskante in Höhe von 20 mm stehen. Diese dient zum Schutz vor Stauwasser, das ansonsten leicht in die Hütte eindringen könnte. Auf der Innenseite werden exakt auf der Ausschnittlinie auf beiden Seiten nochmals Konstruktionslatten befestigt, die den Eingang zusätzlich stabilisieren. Nach dem Aussägen des Eingangs sind Front- und Rückseite fertig und können rechtwinklig zur Bodenplatte angeschraubt werden. Danach werden die Bretter der Seitenteile zugeschnitten, eingepasst und verschraubt. Auch sie werden zusätzlich mit der Bodenplatte verschraubt.

Damit ist die untere Baugruppe fertig.

Das Dach wurde so konstruiert, dass es nur aufge-setzt wird und jederzeit abgehoben werden kann. Da-mit kann die Hütte auch leichter von innen gereinigt werden. Damit es auch bei Wind stabil liegen bleibt, braucht es ein relativ hohes Eigengewicht. Auch der kleine Dachüberstand, der dem Wind wenig Angriffsflä-che bietet, trägt dazu bei.

Wenn gewünscht, kann auf der Eingangsseite auch ein größerer Dachüberstand gewählt werden, sodass eine Art Überdachung oder Veranda entsteht. In diesem Fall sollte das Dach aber immer mit der Hütte verschraubt werden, da es dem Wind wesentlich mehr Angriffsflä-che bietet.

Zuerst werden die Siebdruckplatten für die beiden Dachhälften auf Maß geschnitten und im rechten Win-kel miteinander verschraubt.

Der Dachüberstand beträgt an der Front- und Rückse-te jeweils 50 mm. Für die Stabilisierung der Dachflächen zueinander und als seitliche Fixierung werden zwei Drei-ecke verschraubt. Deren Position sollte soweit von der äußeren Giebelkante entfernt sein, dass sie sich beim Aufsetzen des Daches auf die Hütte im Haus befinden, und zwar möglichst nahe an der Kante des Giebels für eine bessere Stabilität. Allerdings nicht zu nahe, damit das Anheben leicht möglich bleibt. Ca. 10-15 mm zum Giebel sollten reichen. Die untere Schenkellänge des Dreiecks sollte ca. 30 cm betragen.

Für die Abdeckung der Siebdruckplatten an der Front- und Rückseite sollten Deckleisten verschraubt werden, die etwa 10 mm über die Oberkante überstehen. Das Gleiche gilt für die Unterseite. Daraus und aus der Stär-ke der Siebdruckplatte ergibt sich das Format der Ab-deckleisten.

Schneiden Sie die Deckleisten an der Giebelspitze auf Gehrung und stellen Sie mit Holzkitt oder Leim eine undurchlässige Verbindung her, damit kein Wasser eindringen kann. Die Abdeckleisten werden entsprechend an den Giebelaußenseiten verschraubt.

Außen auf die Dachflächen werden mit dem Heißluftfön Teerschindeln aufgeklebt. Die Schindeln sollten bündig mit den Abdeckleisten abschließen.

Eventuell ist es noch nötig, das Dach mit einer Bitumenmasse abzudichten. Achten Sie an den Unterseiten auf einen kleinen Überstand, der als Tropfkante dient. Den Giebel verschweißen Sie ebenfalls ganzflächig mit Teerschindeln.

Nun ist die Hundehütte soweit fertig und kann mit wetterfestem Lack gestrichen werden. Achten Sie dabei darauf, dass dieser lösungsmittelfrei und ungiftig für den Hund ist.

Je nach persönlichem Geschmack können Sie jetzt noch weitere Anbauteile montieren. In unserem Beispiel wurden noch Blumenkästen und ein Namensschild angebracht, Sie können auch Fenster, Blumen und weitere Dekorationen aufmalen. Hier können Sie Ihrer Kreativität freien Lauf lassen!

Nun geht es darum, einen schönen Stellplatz zu finden. Achten Sie dabei darauf, dass der Eingang an der dem Wetter abgewandten Seite liegt, damit es nicht in die Hütte regnet.

Über die Autoren

Martina Schöps

ist gelernte Konditorin und Patissière. Ihre Berufserfahrung sammelte sie in verschiedenen Hotels der gehobenen Klasse, in der Sterne-Gastronomie sowie in einer Confiserie in Paris.

Durch mehr als 20 Jahre Erfahrung in der Tierhaltung, was Hunde und Katzen betrifft, weiß die Autorin um die Bedürfnisse der Vierbeiner. Hinzu kommt, dass der eigene Hund, Dr. Watson, Glutenallergiker ist. Somit lag nichts näher, als gesunde und vor allem verträgliche Leckerlis selber zu backen, die nicht nur dem Hund, sondern auch den beiden Stubentigern, Tom & Jerry, hervorragend schmecken. Seit 2005 ist die Autorin als Herstellerin natürlicher Leckerlis für Hunde und Katzen selbständig und Inhaberin der Firma Schöps-Feinkost für Hunde und Katzen.

Jürgen Schöps

ist Ingenieur sowie Qualitäts- und Umweltauditor. Durch sein handwerkliches Geschick und jahrelange Erfahrung in der Tierhaltung fällt es dem Autor nicht schwer, sinnvolle Spiele, z.B. aus Holz, leicht selber herzustellen. Als Mitinhaber der Firma Schöps-Feinkost für Hunde und Katzen beschäftigt sich der Autor seit 2009 hauptberuflich mit dem Thema Hund.

147

Danke

Unser Dank geht an alle, die uns bei diesem Buch unterstützt und die Anleitungen, Spiele und Kekse getestet und für gut befunden haben.

Ein ganz großer und herzlicher Dank geht an unseren Vater/ Schwiegervater, der uns tatkräftig beim Basteln der Outdoorgeräte und der Hundehütte unterstützt hat.

Herzlich bedanken wir uns auch bei der Familie Eiden und Honey (Dr. Watsons beste Freundin) für die tollen Fotoaufnahmen und das tägliche Ausdauertraining.

Nicht zu vergessen unser Neffe, Daniel Schöps, der für einige schöne Bilder in diesem Buch verantwortlich ist.

Und natürlich an den Kynos-Verlag, insbesondere an Frau Rau, für die wieder mal tolle Zusammenarbeit und das von ihr erbrachte Vertrauen.